3法令から読み解く
乳幼児の教育・保育の未来
現場で活かすヒント

無藤 隆・汐見稔幸・大豆生田啓友 編著

中央法規

Part 4

保育の未来

プロローグ

新法令から読み解く 教育・保育の未来

無藤 隆

2017（平成29）年3月の改訂（定）は、幼稚園・保育所・認定こども園のあり方を共通の保育に支えられた幼児期教育として、すべての幼児（ひいては乳幼児）の成長を助け、小学校以降の学校教育の基盤をつくるものとして、共通にしようとしています。それは何より、日本のすべての幼児が良質な幼児教育さらに保育を受けられるようにするためです。幼稚園教育要領、保育所保育指針、幼保連携型認定こども園教育・保育要領の改訂（定）は保育の質を高めていくためになされているのです。特に、優れた実践を行っている園の実践のエッセンスを明確にして、それをほかの多くの園でも見習い、さらに自分たちなりの工夫ができるようにしていくためなのです。

乳幼児期の教育とはどうしていくべきか。それは数度の改訂（定）を通して明確になっていて、それを今回も引き継いでいます。それは20世紀の先達者による実践と研究の結晶です。それは大きく3つのパートからできています。1つは環境を通しての保育という理念です。身近な環境への能動的な関わりというのが乳幼児期に相応しい教育（つまりは保育）のあり方なのです。もう1つは保育内容の5領域であり、それを支える「養護」です。それらは子どもが乳幼児期に経験してほしい事柄を示し、「養護」はそれを小さい子どもの生命のあり方から支えていく働きです。第3はそれらを計画的組織的に進めていくカリキュラムであり、「ねらい」を整理した全体的な計画と状況に合わせて柔軟に指導していくやり方を示す指導計画からなります。

それらに対して今回加えた最も大きなことは「資質・能力」の考え方です。特に乳幼児期には、その「資質・能力」の考え方により乳児から幼児期全体、さらに小学校以降に至るまで、一貫した子どもの力の成長を示しています。同時に、その力が個々の活動でどう発揮され伸ばされるかを示しています。「知識・技能」は気付き、できるようになることであり、「思考力等」は試し、工夫することであり、「学びに向かう力」は心を動かされ、やる気が生まれ、粘り強く取り組み、人と協力していく態度を示します。

それらが5つの領域の各々でどのように育っていくかを特に年長児に即して示したのが「幼児期の終わりまでに育ってほしい姿」です。「資質・能力」は各内容にどういう子どもの活動の様子として現れてくるのか。さらにその先へと小学校教育のなかで伸びていくのか。その姿は子どもの実際の様子を対比するなかで、その姿から学びのあり方を見通し、保育をよくしていくための視点となるものです。同様のことは、もっと小さい年齢でも視点とその姿として検討することができるでしょう。

乳児保育の3つの視点を見ると、それが1歳児、さらに3歳児などを経て、「幼児期の終わりまでに育ってほしい姿」に連なることがわかります。その意味でも、乳児保育の3つの視点が乳幼児期の保育（教育）の始まりをなし、その発展を通して「資質・能力」が育っていき、幼児期の終わりにその姿となるのです。

保育者が保育の質を高めていくためには、自分たちの保育を見直し、それを改善する視点に基づきながら、子どもの具体的な姿のなかから子どもの経験とそこでの学び、さらに育ちの可能性を見定める必要があります。保育の評価と改善とはそういった営みを丁寧に、組織的に、また日常的に行うことです。そのためには、前述の考え方を概念的視点として用いて保育を振り返り、共有していくことと、そこから保育の先への展開を捉えていくのです。改訂（定）のポイントはそういったことのための見直しの視点となるものなのです。

プロローグ

保育所保育指針の改定を受けて

―保育の現場に期待したいこと

汐見 稔幸

今回の保育所保育指針の改定は、「改訂」と書かず「改定」とされているように、法的、政策的な変化・発展にあわせた修正・訂正に留まらない、原理や役割の発展が期待された内容になっています。

すでに新しい内容を学んで一定のことを理解している保育者は多いと思いますが、あらためて改定内容を確認しておきます。特に大事なのは、①保育所も「幼児教育を行う施設」になったことを自覚して実践、評価、反省などを行うようにすべきこと、②乳児保育（3歳未満児の保育）のこれまでの方法や原理を大事にしながらも、それらをより丁寧に展開し、子どもの育ちを発達の初期からより深く支えるものに発展させること、ということでしょう。

端的に言うと、保育所も教育機関として機能するようになることと、乳児保育の質を上げること、この2つが保育所に特に期待されるようになるということです。幼保連携型認定こども園も同じです。このうち、3歳未満児の保育の質を上げるというテーマに、現場ではどう応えていけばいいのでしょうか。

乳児保育（3歳未満児保育）については、今回、今までよりも相当丁寧に、そして詳しくその「ねらい」「内容」「内容の取扱い」が書かれています。これは、この時期の育ち・育ては、3歳児以上の幼児の育ち・育ての課題と異なった面があるということとを明確にする必要があるからで、それを明確にした上で、この時期の保育の質のアップに取り組もうということです。

今回0歳児では、体の育ち・育て、対人関係力の育ち・育て、そして対モノ関係の感性や力の育ち・育ての3つの視点から育ちを評価し、保育を組み立てていくことが明記されました。そして1、2歳児保育のための5領域の「ねらい」「内容」が書かれました。いずれも歴史的に初めてのことです。0歳児保育の3つの視点は、1、2歳児保育の5領域の「健康」「人間関係」「環境」と重なっていて、5領域とは別に発想されたものではないことに留意したいと思います（25ページ）。

私たちにとって重要なのは、この乳児保育（3歳未満児保育）には、この時期独自の育て・発達のテーマがあり、それがその後の保育の前提になっているということをしっかりと理解することです。

たとえばアタッチメントや基本的信頼感などという言葉で表現されてきたものが、この時期の育ての独自のテーマになります。ほんの幼い頃、子どもたちはまだ自律の力が弱いために、ちょっとした失敗をしたり、周りに守ってくれる人がいないことに、強い不安や怖れなどの情動を抱きます。こうしたネガティブな情動を克服して安定したポジティブな情動を手に入れることは、この時期の育ち・発達にとってとても重要なのですが、そのためには他者の手助けが必要です。ジョン・ボウルビィという医者は、こうした場合には、誰か信頼している他者にすがりつくこと、くっつくことなどが大事だということを見い出しました。すがりつかれた他者は、その子の情動をポジティブにするために、安心してよいということをしっかりと伝えることが必要です。この繰り返しを通じて、子どもは安心して自律に向かえるのです。そこでこうした「くっつき――支える」という相互行為をアタッチメントと言うようになりました。

アタッチメントや、似た概念である「基本的信頼感」（エリク・H・エリクソン）などの深い感覚をこの時期に身に付けることは、いわゆる非認知能力の育ちにつながります。ですから、たとえ集団の保育であっても、こうした心の育ちを一人ひとり丁寧に保障することの重要性が、今回の改定で強調されたのです。

今回の改定はこうした3歳未満児保育の充実、丁寧さや質の向上を図る課題と、いわばセットで保育所における教育の自覚的な扱いが課題となりました。教育機能の発揮のために「資質・能力」の育ちが重視されたことの意味等は幼稚園と同じですが、それを赤ちゃんのときから担うところに、保育所の独自課題があると言えるでしょう。

Part 1

日本の保育の
これまでとこれから

日本保育学会第70回大会　実行委員会企画シンポジウム
「日本の保育内容の歴史と展望」

司会・コーディネータ　大豆生田啓友（玉川大学）
シンポジスト　西山　修（岡山大学）
無藤　隆（白梅学園大学）
汐見稔幸（白梅学園大学）
渡邉英則（認定こども園ゆうゆうのもり幼保園）

Part1は、2017年5月20、21日の両日に行われた日本保育学会第70回大会実行委員会シンポジウム企画「日本の保育内容の歴史と展望　──幼稚園教育要領・保育所保育指針・幼保連携型認定こども園教育・保育要領の歩みとこれから──」をまとめ収載したものです。

3法令に共通する「幼児教育」をどう捉えるか……………………無藤　隆

乳幼児期に育てたい力や未来へつながる教育を考える

２０１７（平成29）年3月に幼稚園教育要領、保育所保育指針、幼保連携型認定こども園教育・保育要領という3法令が同時に改訂（定）告示され、２０１８（平成30）年からはいよいよ施行となります。

今回の3法令同時改訂（定）には、いくつか非常に大きな特徴があります。もっとも大きな点は幼稚園、保育所、認定こども園という日本の幼児教育施設における教育のあり方が統合されたことです。

また幼児教育が3～5歳という従来の幼稚園教育だけでなく、0～18歳という学校教育の大きな流れのなかに位置付けられたことも重要です。幼児教育を通じてどのような力を育て、それをどのように小学校教育やその先につなげていくのか。そうした大きな構造を理解して、幼児教育をあらためて捉え直してみてほしいと思います。

◆幼稚園、保育所、認定こども園の教育の共通性

まず3法令同時改訂（定）の最大のポイントは幼稚園、保育所、認定こども園の教育の共通性が明示されたことです。

無藤　隆さん

現在、日本の幼児教育施設には大きく幼稚園、保育所、認定こども園があります。幼稚園は3歳から就学前の子どもに1日4時間程度の教育を行う施設、保育所は0歳ないし1歳から就学前の子どもが1日8〜11時間程度を過ごす施設、認定こども園はこの2つを合わせたものです。「幼児教育」とは、これらの施設で行う教育全体を指します。

そして今回の同時改訂（定）では、いずれの施設でも「3歳以上1日4時間」の教育の内容を同一のものにする、という国の方針が示されました。

もちろん、幼稚園や認定こども園は学校教育法のもとにあり、保育所は児童福祉法のもと、児童福祉施設として規定されています。その法律の規定や施設のもつ特徴は変わりませんが、法律が許す範囲で、3歳以上の教育については共通であると示されたわけです。

このことは非常に大きな意味をもちます。今後は、保育所は教育施設ではないとか、法律的に学校である幼稚園だけが教育をすればよいといった、そういった議論はまったく意味をもたなくなります。

幼稚園も保育所も認定こども園も、教育の「3歳以上1日4時間」の部分は同じであって、もし違いがあるとすればそれは個別の園の個性的な違いに過ぎません。そうした違いを別にすれば、どの施設であっても同じ規定、同じ方向性で幼児教育を行っていくことになります。

長らく幼稚園と保育所とで区別されてきた日本の幼児教育が、今やっと、ここにたどり着いたというのが私の実感です。

◆幼児教育で育つ力①～資質・能力

次に、同時改訂（定）の特徴として知っていただきたいのは、幼児教育で育てる力、幼児教育の方向性が明らかにされたことです。それを表しているのが「資質・能力」であり、「幼児期の終わりまでに育ってほしい姿（10の姿）」です。

「**資質・能力**」[※1]とは、①知識、②思考力という知的な力、③情意的・協同的な力という3つの柱からなるもので、相互に循環的に育成されていくものです。

従来の幼稚園教育要領をはじめとした幼児教育でも、環境を通しての保育、主体的活動としての遊びといった学びのプロセス（英語のｈｏｗ／どのように）や、学びの「内容（5領域）」（英語のｗｈａｔ／何を）は語られてきました。

それに対して今回は、子どもの学びにおいて何が育つのかという「資質・能力」が明らかにされました。この「資質・能力」という考え方で、幼児教育と小学校以上の学校教育で育成される子どもの力を共通に表しています。

これはもう少し大きく言うと、教育というものを統合的・連続的に捉えたということです。幼児教育だけでなく、小・中学校、高等学校の学習指導要領の改革を通して18歳、さらにその先の大人になるというプロセスのなかで、学校教育で何を育てるか

※1　「資質・能力」（3法令の総則に記載／以下、幼稚園教育要領より）
①知識及び技能の基礎（遊びや生活の中で、豊かな体験を通じて、何を感じたり、何に気付いたり、何がわかったり、何ができるようになるのか）
②思考力、判断力、表現力等の基礎（遊びや生活の中で、気付いたこと、できるようになったことなども使いながら、どう考えたり、試したり、工夫したり、表現したりするか）
③学びに向かう力、人間性等（心情、意欲、態度が育つ中で、いかにより良い生活を営むか）

をしっかり考えていこうというものです。

また一般に幼稚園での教育は3歳からですが、今回の改訂（定）では、保育所や幼保連携型認定こども園と一体的に改革を進めてきました。保育所保育指針や幼保連携型認定こども園教育・保育要領では、乳児保育について「自分の心身との関わり」「人との関わり」「ものとの関わり」という3つの関わり（25ページ）が示されましたが、それらは乳児保育の内容であると同時に、0歳から18歳までの18年間の教育の出発点でもあります。

つまり3法令同時改訂（定）によって、乳児保育を含む0歳から18歳までの教育の改革が示されたと言えます。

◆幼児教育で育つ力②～幼児期の終わりまでに育ってほしい姿

そして資質・能力の3つの柱を具体的な保育内容のなかに組み込んだものとして示しているのが「**幼児期の終わりまでに育ってほしい姿**[※2]」です。

これは5歳児後半に特に伸びていく活動内容を10個に表したもので、単に能力や成果ということではなく、さまざまな活動を通して現れる子どもの具体的な姿を指しています。

この「10の姿」の具体的な内容は、特別に目新しいものではありません。従来の幼稚園教育要領のなかで5領域の「内容の取扱い」として書かれているものを再整理し

※2　「幼児期の終わりまでに育ってほしい姿（10の姿）」（3法令の総則に記載）
①健康な心と体（健康の保持と運動）
②自立心（自己統制する力）
③協同性（同じ目的を共有してともに活動する）
④道徳性・規範意識の芽生え（共感性や規則を守り、自己調整する力）
⑤社会生活との関わり（多様な他者との付き合い）
⑥思考力の芽生え（規則性や仕組みへの好奇心と探究心）
⑦自然との関わり・生命尊重（生命と非生命への理解と興味）
⑧数量や図形、標識や文字などへの関心・感覚（記号への感覚的感性的な理解）
⑨言葉による伝え合い（絵本、言葉による対話、子ども同士でのやりとり）
⑩豊かな感性と表現（表現に向けての感性の育ち）

て、10項目にまとめたものです。また「10の姿」それぞれは、幼児期の終わりまでにすべて完成するものでもありません。「育ってほしい」と表現しているのは完成ではなく、そちらに向かうという意味です。

しかしながら、「10の姿」は幼児教育をそちらに向けて行っていくという、大きな方向性を示すものです。

今後は各園でどのような個性的な教育をしようと、その根底にはこの「10の姿」を目指す姿勢があるべきです。たとえば「健康な心と体」や「自立心」、「協同性」のない保育とか、「感性の育ち」を考えない教育などは、これからの時代は考えられません。

◆小学校教育とのつながりを図る

「10の姿」は、幼児教育の出口＝小学校教育の入り口になるものでもあります。

実際に今後は、「幼児期の終わりまでに育ってほしい姿」が、小学校の学習指導要領の最初の段階を規定することになります。小学校の低学年教育において、この幼児教育の育ってほしい姿を活かしながら、1年生の最初に**スタートカリキュラム**※3を行うことが、義務規定として入っています。

従来、小学校教育では、出口である中学校の学習指導要領から遡って1～6年の学習内容を規定している一方、小学校1年生の入り口については年齢以外の規定はなく、小学校は常にゼロから教育をスタートすると公言してきました。たとえば小学校の校

※3　入学した子どもたちが小学校に慣れるための教育課程（カリキュラム）。小学校1年生の最初の数か月間は幼児期に親しんだ活動を取り入れる、子どもの生活リズムに合った時間配分をするなどして、少しずつ教科の学習中心の生活に移行していく。文部科学省はすべての小学校でスタートカリキュラムを取り入れることを求めている。

長が保護者を集めて、「小学校に安心して来てください」と話をするときに、せいぜい自分の名前の読み書きができ、トイレに行け、1人で小学校に通えればよい、といった説明をする例がよくあります。

しかし、それは幼児教育を無視した考え方で、根本的に間違っています。乳幼児期にも「資質・能力」の芽といった育つものが確実にあり、さらにその学びを支援していくと「幼児期の終わりまでに育ってほしい姿」につながります。

今後、この幼児教育で育つ姿を活かした教育を行っていくのは、小学校にとっても重い負担になると思われますが、この幼児教育から小学校教育へのつながりをよりよい形に実現してくためのもう一方の責任は、幼児教育の側にもあります。

幼稚園、保育所、認定こども園は、幼児教育でどういう姿をもつ子どもを育てるかという〝責任〟を今一度自覚するとともに、子どもたちの具体的な姿を小学校に示していくことが必要でしょう。

◆教育を考えるときの3つの構造

ここでもう一度整理をすると、幼稚園教育要領、保育所保育指針、幼保連携型認定こども園教育・保育要領の共通部分では、スタートのところでの乳児保育の大切さから、「幼児期の終わりまでに育ってほしい姿」、つまり小学校教育の入り口に向けての大きな方向性が示されたと言えます。

ここで示された幼児教育は、3つの構造をもっています。

比較的短期的な、目の前の幼稚園・保育所の生活において何をするかということは5領域による「内容」に規定されています。そして幼児教育施設で過ごす期間の幼児期の終わりまでに進むべき方向性は、「幼児期の終わりまでに育ってほしい姿」にあります。さらに18歳や大人に向けて大きな教育の流れを示すものが、「資質・能力」の考え方です。この3つの構造において、「ねらい」というものを捉えてみてください。

この3つの構造は同時に、子どものもつ心身のあり方の3つの層を表しています。日々の関わりが、同時に将来の方向性をつくる。そしてさらにそれが積み重なって長い成長につながっていく——。

この考え方は、幼稚園教育要領や保育所保育指針そのものに直接書かれているわけではありませんが、私は乳幼児を大切にする教育の基本とは、子どもには現在の関わりと同時に未来が内包されている、と捉えることだと考えています。

教育というのは常に未来を志向しています。そして子どもも現在を志向すると同時に未来を志向しています。今後は、子どもたちの現在と未来の姿を意識しながら、各施設の教育のあり方をよりよいものに改善していってほしいと思います。

幼児教育の構造

出口

幼児期

幼児期の終わりまでに育ってほしい姿

資質・能力が育つ

カリキュラム・マネジメント

カリキュラム

- 全体的な計画・指導計画

プロセス

- 環境を通しての保育
- 主体的生活・自発的遊び
- 保育者の援助

保育内容・5 領域のなかで

入り口

乳児保育

- 自分・人・ものへの関わり
- 家庭での養育

養護を受けながら

保育所保育指針改定のポイントと背景……………………………汐見稔幸

０、１、２歳児保育の充実と「養護」の大切さが強調された

今回の保育所保育指針の改定のポイントとしては、次の６つが挙げられます。

①「乳児保育、３歳未満児保育」の充実
②「養護」の重視、養護的環境づくりの大切さの自覚
③「幼児教育」を担う自覚とそのための計画・評価の力
④「子育て支援」の充実
⑤「大きな災害への備え」
⑥職場づくりと「キャリアパス」づくり

ここでは、このうちの①「乳児保育、３歳未満児保育」の充実と、②「養護」の重視ということを中心に解説をしていきたいと思います。

◆乳児保育、３歳未満児保育の充実の理由

今回の改定で、乳児保育と3歳未満児保育の記載が充実された理由については、大きくは3つの点が大事だと思います。

まず1つ目は、乳児期、３歳未満児期の育ちの環境がより不安定になっていて、こ

汐見稔幸さん

の時期の保育の質の向上が大事になってきているということ。

たとえば親の孤立化、地域社会での育ちの環境の変化などにより、幼い子が地域で遊ぶようなこともなくなっています。さらにスマホ育児や貧困率の増大といった問題もあり、子育ての環境が大きく変わるなかで、赤ちゃんが温かい環境のなかですくすく育っているとはなかなか言い切れない状況にあります。今の社会では、子どもたちをほんの幼い頃から丁寧にサポートしていくことがこれまで以上に重要になっています。

2つ目は、それにもかかわらず、これまでの指針には、0、1、2歳児保育の記述が相対的に薄かったことが挙げられます。

そして3つ目としては、世界的に非認知能力の育成の大事さが認められてきて、その非認知能力の基本がこの時期に育つと認識されてきていることです。現在、世界的に保育・幼児教育重視の方向に移ってきていますが、それを支える研究がたくさん出ています。そのなかで人間の能力を大きく**認知能力**[※4]と**非認知能力**[※5]に分ける考え方が登場し、社会で上手に生きていく力のベースになるのは、必ずしも認知能力だけではなく、非認知能力がとても大事な役割を果たしていることがわかってきました。

そして、自我や感情・意志などをコントロールする力である非認知能力がいつ頃から育つかというと、実は赤ちゃんのときからだということも研究でわかってきています。そこで0、1、2歳の育ちは非常に大事だということがあらためて強調されているのです。

※4　文字の読み書きができる、数や形がわかるなど、試験などで測りやすい知的な力。「資質・能力」の3つの柱のうち、①「知識及び技能の基礎」②「思考力、判断力、表現力等の基礎」の2つは認知能力を指す。

※5　試験などでは測りにくい内面にある力。目標に向かって頑張る力、困難なことに挑戦し、やり遂げる力、自分の感情をコントロールする力、他人とうまく関わる力など。「資質・能力」の③「学びに向かう力、人間性等」が非認知能力を表す。

◆乳児保育の3つの視点とは

そこで新しい保育所保育指針では、乳児保育（0歳児保育）と1、2歳児の「ねらい」と「内容」の記述が丁寧に書かれています。さらに乳児保育の「ねらい」と「内容」は実態に合わせて5領域をベースに新たに「3つの視点」として作成されました。

従来は、0歳児も1、2歳児も、5領域で評価することになっていました。しかし、0歳児を5領域で評価するのは難しいものです。たとえば「言葉」。この時期はまだ言葉にならない表現も多く、5歳児などの「言葉」と同じように評価することはうまくできません。あるいは「環境」といっても、社会的な環境、自然の環境などに分化していく以前の状態にあるので、今の5領域で評価するのは難しい。そこで、その年齢の子どもたちの様子に合わせて3つの視点としたほうが、実際的ではないかということで盛り込まれたのが、次の視点です。

- **身体的発達に関する視点「健やかに伸び伸びと育つ」**
- **社会的発達に関する視点「身近な人と気持ちが通じ合う」**
- **精神的発達に関する視点「身近なものと関わり感性が育つ」**

1番目は、幼児期の人格がどういうふうに育っていくのかというときの、ベースと

乳児保育の3つの視点

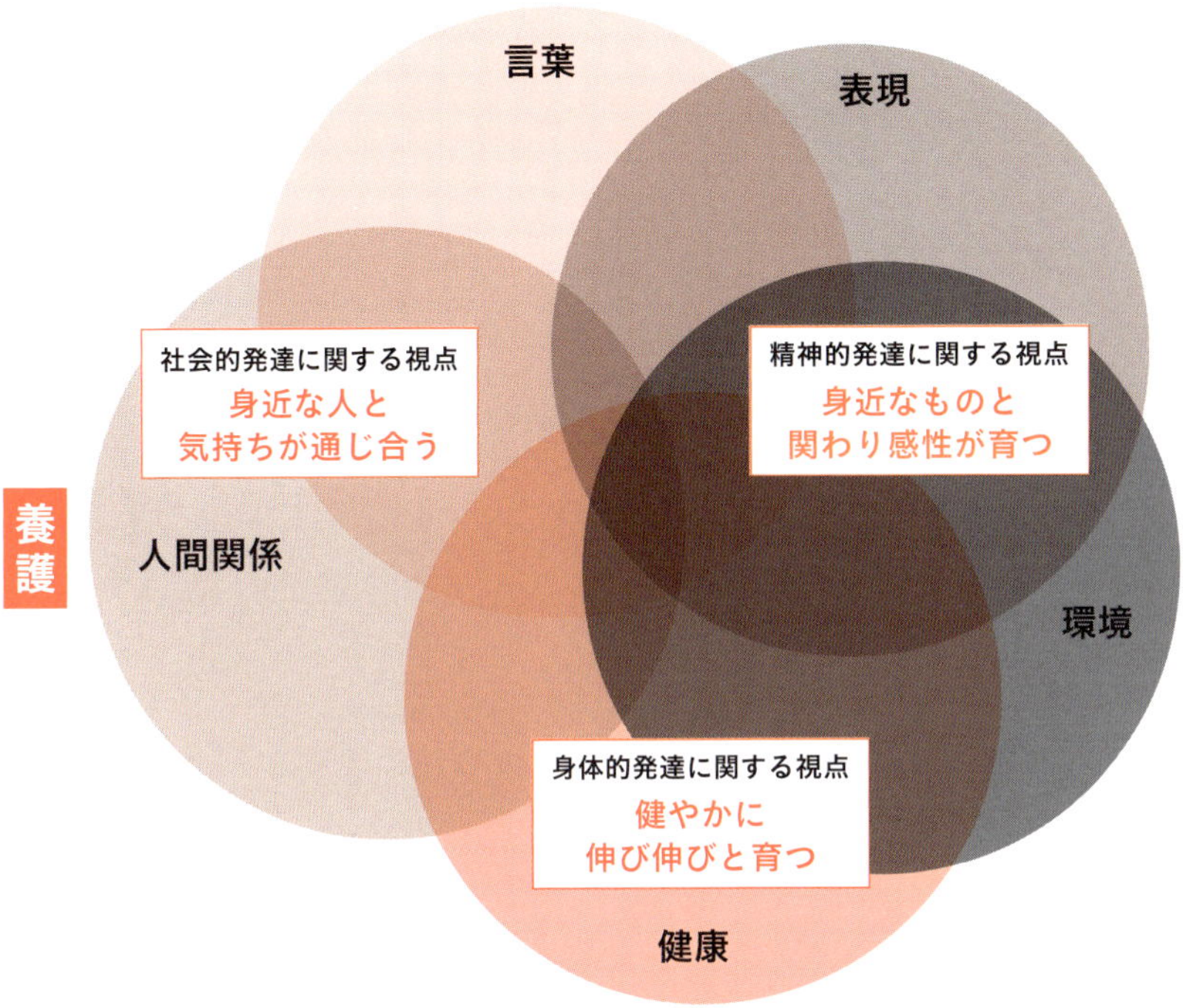

乳児保育の3つの視点は、
5領域をベースにしていることがわかります。

なる体の発達に関わる視点です。2番目は、人との関わりは、アタッチメントなどの心の育てのベースとなる重要なものです。3番目は子どもたちを取り巻いている物的環境、自然的環境などへの興味・関心などの育ちに関わるもので、大きく3つに分けてあります。これを図示すると25ページのようになります。

そして実際の保育所保育指針の記述では、幼稚園教育要領で示しているように「ねらい」と「内容」の後に「内容の取扱い」という項目が書き加えられています。「内容の取扱い」が加わったことで、その「ねらい」、「内容」を実施する際の方法がわかりやすくなりました。

具体的にみると、たとえば3つの視点のうちの「身近な人と気持ちが通じ合う」では、冒頭に「受容的・応答的な関わりの下で、何かを伝えようとする意欲や身近な大人との信頼関係を育て、人と関わる力の基盤を培う」となっています。

この「内容」の部分には大事な言葉がたくさん出てきます。「応答的な触れ合い」「やり取りを楽しむ」「応答を通じて」「温かく、受容的な関わり」などです。応答的というのは、主体である子どもの、その子どもの気持ち、意欲に応じていくということで、子どもが示したニーズ、求めに応じる、応答していくことが保育の基本ということです。0、1、2歳のように子どもが幼ければ幼いほど受容的・応答的な関わりが大切で、そのことによって子どもが主体として育っていくということです。

それからこの項目の「内容の取扱い」にも、「温かく受容的・応答的に関わり、一人一人に応じた適切な援助を行う」「自分の感情などを表し、それに相手が応答する言葉を聞く」「楽しい雰囲気」「ゆっくりと優しく話しかける」などの言葉があります。経験のある保育者にとってはわかっていると思われることかもしれませんが、0、1、2歳児を受けもつ保育者にとってこういうことが大事だということが、わかりやすく記述されています。

◆1、2歳児保育は、独自の5領域の視点で

一方、1、2歳児のほうは、5領域で「ねらい」と「内容」が書かれています。1、2歳児の5領域は、3、4、5歳児の5領域とは少しずつ違っています。丁寧に見てもらうと、こういう形で発達していくという方向が見えるようになっています。

たとえば「環境」の「内容」を見ると、「①安全で活動しやすい環境での探索活動等を通して、見る、聞く、触れる、嗅ぐ、味わうなどの感覚の働きを豊かにする」「②玩具、絵本、遊具などに興味をもち、それらを使った遊びを楽しむ」「③身の回りの物に触れる中で、形、色、大きさ、量などの物の性質や仕組みに気付く」といったことが書かれています。これらは認知能力のベースになるものです。1、2歳児は感性と知識のベースになるものが急速に育っていく時期ということで、このように書かれています。それぞれの職場で実際の子どもの姿と重ね合わせて、検討してみてください。

これらの5領域がさらに充実していって3、4、5歳児の5領域へとつながります。5領域というのは、どんな将来を生きようが幼児期にこれだけは身につけてほしい、という願いが言語化されている印象ですが、そこに、これからの時代にはぜひともこうした「資質・能力」をもってほしいと焦点化したら、「幼児期の終わりまでに育ってほしい姿(10の姿)」になると私は感じています。

「10の姿」には、たとえば「自立心」があります。これはとても大事なもので、自発性や自分の気持ちをコントロールする力のことですが、今は子どもが主体的に群れて遊ぶことも少なくなり、生活のなかで育つことが難しくなっているといわれています。そこで「自立心」のベースをどう育てていくかが社会の課題となっています。また最近はインターネットやSNS(ソーシャルネットワーキングサービス)などでやり取りが済んでしまいがちですが、人と人とが深く交わりながら生活していく、そういう意味を含めた「協同性」も重要です。5領域で育てていった一人ひとりの子どもの育ちに社会の将来という視点を加えると、「10の姿」という目標になるわけです。

今後は、乳児期の「3つの視点」から「5領域」、そして「10の姿」へと展開していく発達の姿をもう少し具体例で豊かにしていくことが課題になります。

◆「養護」の大切さの強調

次は「養護」についてです。

今回の改訂（定）の特徴は、幼稚園教育要領も、保育所保育指針も、幼保連携型認定こども園教育・保育要領も、総則のところが大きく膨らんでいることです。特に保育所保育指針の場合は、冒頭の「保育所保育に関する基本原則」の次に挙がっているのが、「養護に関する基本的事項」です。もちろん幼稚園でも同じように「養護」は大切ですが、幼い子どもが通う保育所では特に「養護」が大事ということで、従来は第3章の始めの方にあったものを、総則の上の方にもってきています。総則のなかに書き込むことで、保育全般の思想ということを強調したわけです。

「養護に関する基本的事項」の「⑴養護の理念」では、「保育における養護とは、子どもの生命の保持及び情緒の安定を図るために保育士等が行う援助や関わり」と定義されています。そして「保育所における保育は、養護及び教育を一体的に」行わなければいけないと書かれています。

これは、教育的活動をするときに「養護」が必要という接ぎ木的な意味ではありません。総則の1の「⑵保育の目標」では、「十分に養護の行き届いた環境の下に、くつろいだ雰囲気の中で子どもの様々な欲求を満たし、生命の保持及び情緒の安定を図ること」と記載されています。ここには「養護の行き届いた環境」という言葉がさりげなく入っていますが、これはよく考えるとものすごく大事なことです。「養護の行き届いた環境」とは何かと言うと、「生命の保持」及び「情緒の安定」のための働きかけであり、それらが行き届いている環境をつくらなければいけないということです。

「養護」の要素の1つは「生命の保持」ですが、生命（life の翻訳）の意味には①いのち、②日々の営み、③人生という意味があります。子どもたちの目が輝くような活動で生活を充実させ、それを続けていく。そういうことを保障するのが保育所である。そして、「生命の保持」とは、こうした生命の営みが首尾よく行われるような配慮のことを指します。これは保育のかなり本質的なことにつながっています。単に教育のために配慮しなければいけないというのでなく、もっと本質的なものと考えてよいでしょう。とするると、「十分に養護の行き届いた環境」とは、一人ひとりの子どもが「自分はこの園で愛されているんだ」と感じるような環境と言うことができます。たとえば、

- **失敗しても絶対にとがめられないという安心できる環境**
- **指示語、命令語、禁止語が聞こえてこない温かい言葉環境**
- **集中できる静かな環境、温かい受容的な色、トーン　等々**

こうした環境をつくることで、初めて「十分に養護の行き届いた環境」が成り立ちます。

さらに保育所保育指針の「情緒の安定」のための「内容」には、「一人一人の子どもの気持ちを受容し、共感しながら、子どもとの継続的な信頼関係を築いていく」とか、「……一人一人の子どもが主体的に活動し、自発性や探索意欲などを高めるとともに、自分への自信をもつことができるよう成長の過程を見守り、適切に働きかける」など

と書かれています。これは子どもに常に共感し、子どもが主体となって活動するようにすることが保育の基本だとするもので、単なる心構えを超えた、保育の最重要原則と考えられます。「養護」の意味はもっと深く理解される必要があるでしょう。

◆なぜ今、あらためて「養護」なのか？

では、なぜ今、あらためて「養護」の重要性が語られているのでしょうか。

戦後に学校教育法がつくられるときに、幼稚園も学校だから幼稚園を「教育」するところと書こうとすると、そこに反対したのが**倉橋惣三**※6さんたちです。

倉橋さんたちは、幼稚園は確かに「教育」するところだけれども、小学校と同じように見てはいけない。幼稚園の教育の特徴というのは、子どもがどんなときでも愛され、守られ保護されて、初めて教育が成り立つ。だから幼稚園の教育はいつも保護と教育がセットでなければならない。保護＋教育で、保護教育。その頭と後ろをとって「保育」といわなければならないと主張しました。だから、学校教育法でも「幼稚園の子どもを保育し」という言葉で今も表現されています。

そして1965（昭和40）年に保育所保育指針ができたときに、この倉橋さんの思想を引き取り、保護を福祉用語の「養護」に置き換えて使いました。以来、「養護と教育を一体的に」というのが保育所保育指針のスタンスとなりましたが、大事なのは「養護」のほうです。つまり幼い子の教育・養育は、子どもを深く愛し、子どもに共感し、

※6　児童心理学者（1882〜1955）。東京帝国大学大学院で児童心理学を学び、東京女子高等師範学校教授、同校附属幼稚園主事などを務めながら、日本の幼児教育の発展に尽力。1948年に保育学会を創設。

常に子どもを主体とする姿勢があって初めて成り立つ、という思想です。

　今回の指針では、現在の子どもが置かれている現状を勘案し、この原点に戻ることが大事だと示されました。幼い時期から非認知的能力を育てることや、0、1、2歳児保育を丁寧にやっていくことが社会の新たな課題になっているなかで、「養護」の大切さがあらためて浮かび上がってきたとも言えるでしょう。

幼保連携型認定こども園の豊かな学び……………渡邉英則

幼保の枠を超え、子どもの育ちを考えるのが認定こども園の役割

私は、幼稚園と保育所を併設した総合施設（ゆうゆうのもり幼保園）を2005（平成17）年に開設し、2007（平成19）年に、認定こども園になりました。

幼稚園と保育所を一緒にするという話を厚生労働省、文部科学省から何回も聞いてきましたし、無藤先生と汐見先生がおっしゃったように今回、幼稚園教育要領の改訂、そして保育所保育指針の改定が先行して進みました。その2つの方向性がある程度決まったところで、内閣府が幼保連携型認定こども園教育・保育要領の改訂を行いましたが、幼稚園部門、保育所部門はもう議論が済んでいるので、それ以外のことを議論しようというのが認定こども園教育・保育要領の議論でした。

しかし私は現場から、それだけで本当によいのか、という部分も含めてお話をしていきたいと思います。

◆幼保連携型認定こども園として特に配慮すべき事項

幼保連携型認定こども園教育・保育要領の改訂では、主に「幼保連携型認定こども園として特に配慮すべき事項」について語られることが多くなっています。特に配慮

渡邉英則さん

すべき事項とは、大きくは次の2点です。

・入園した年齢により集団生活の経験年数が異なる園児がいる

・在園時間が異なる多様な園児がいる子どもの生活を考えた計画の必要性

認定こども園では、0、1歳で入園する子どももいれば、3歳で初めて集団に入る子どももいます。また1日や年間という単位でも、在園時間は異なります。幼稚園に相当する子どもは9~14時頃までなのに対し、保育所に相当する子は朝から晩まで過ごします。夏休みなどの長期の休みも、過ごし方の違う子どもが出てきます。そういういろいろな子どもの生活を考える保育をどうすればよいか。幼稚園と保育所とで文化が違う分だけ、考えなければいけないことが出てきます。

こうした「多様な子ども」に対し、どのような教育及び保育を行っていくかは、議論していけばいくほど、一人ひとりに応じた形を考えましょうという話になります。在園時間だけでなく家族の関係などもさまざまな形があるなかで、その人たちに対してどういう教育・保育をしますか、という議論です。

遊びや環境を通した保育と言いますが、さらに一人ひとりに応じた、今の時代にふさわしい生活をどう考えていくか。これはつまり、幼稚園教育要領や保育所保育指針で言われてきたような、保育の基本が問われているわけです。

◆幼保を一緒にするときの難しさ

そもそも幼稚園と保育所が一緒になると、考えなければいけないことがたくさん出てきます。

たとえば「教育」と「保育」という言葉も難しい。法律として学校教育法や児童福祉法があるのはわかりますが、幼保連携型認定こども園教育・保育要領ではほとんど「教育及び保育」という言葉で書かれています（0、1、2歳児は保育という言葉を使っています）。それから幼稚園教育要領では「幼児」という言葉、認定こども園教育・保育要領では「園児」という言葉を使っています。

また**1号、2号、3号**[※7]という認定区分があり、2号、3号は、もともと保育時間の長い子どもたちですが、1号の子どもでも預かり保育をすると「教育課程に係る教育時間の終了後等に行う教育活動」という言葉になります。こうした言葉の区分けは、正直、現場にとっては煩雑になるだけです。私たちの園では9時から14時までを「光の時間」、長時間になる部分を「風の時間」という呼び方をしていますが、これを公的な呼称にするわけにもいきません。

私はこうした細かい違いよりも、汐見先生のお話にもあったように、保育とはどのような営みだろう、日本の子どもたちをどう育てていくのか、といったことを今後の10年間で考えたほうがよいのではないかと感じています。

※7　幼稚園、保育所、認定こども園、小規模保育等の教育・保育する子どもについては、対象児童の年齢や教育・保育の必要性により、次の1～3号の3つに認定区分に分けられる。
・1号…満3歳以上の小学校就学前の子どもであって、2号認定以外のもの（幼稚園に相当）
・2号…満3歳以上の小学校就学前の子どもであって、保護者の労働又は疾病その他の内閣府令で定める事由により家庭において必要な保育を受けることが困難であるもの（保育所の3歳以上に相当）
・3号…満3歳未満の小学校就学前の子どもであって、保護者の労働又は疾病その他の内閣府令で定める事由により家庭において必要な保育を受けることが困難であるもの（保育所の0～2歳に相当）

◆認定こども園として議論すべき課題

これについて議論すべき点は広範囲にわたります。

そもそも日本の幼児教育というと、幼稚園の先生方は基本的には9時から14時くらいの時間を中心に考えます。そこが教育として大事だという議論はありますが、その時間外となる預かり保育の内容が結構さびしかったり、袋菓子のようなおやつだったり、補食の食事を出すか出さないかなど、その内容には問題もあります。

それから幼保小連携が大事だと言われますが、2歳から3歳の移行も非常に重要です。家庭から入園してくる子や0、1歳から認定こども園にいた子どもなど、本当にさまざまな子どもが一緒になるわけですから、そこを丁寧に考えていく必要があります。幼稚園は乳児のときの生活をどこまで考えて受け入れているかということもあります。

一方で保育所も、けがやけんかをさせないとか、園庭がなくてもよいという話が珍しくなくなっているなかで、「生活の豊かさとはどういうものか」とか、「子どもの主体性や遊びを大事にする」「多様な経験や豊かな環境の大事さ」などをどう実現していくのかという問題もあります。これらは各現場の判断にゆだねられています。

私自身は、そもそも教育と福祉が一緒になるのは大変なことだという前提のうえで、今のように混乱している時期こそ、原点に戻って教育及び保育を考える必要があると考えています。つまり本当の意味で幼保の枠を超え、日本の子どもたち全体を考えようというのが、認定こども園の役割だと思っています。

◆認定こども園の多様さが学びになるために

今回は、学習指導要領の改訂という国からの流れ、また非認知能力が大事だといった海外の研究からの流れがあり、特に学習指導要領の改訂では「**主体的、対話的で深い学び**[※8]」を大事にしていかなければならないと言われています。そこで、今あらためて考えなければならないのは、「主体的ってどういうこと」「人間にとって学びとは」といったことです。

認定こども園であれば、「多様な子ども」が集まっていて、その多様さから学びが起こるような教育及び保育を考えなければいけません。ただ多様であればよいというのではバラバラになって、私たちは幼稚園、私たちは保育所というような対立が起こったり、混乱が起きて、結局一緒にしなければよかったという話になります。幼保が一体となる以上、多様な人が一緒になって子どものことを考え、その異質さをどう乗り越えていくかというところに、新しい変化が出てくるのではないかと思います。

たとえば、うちの園に年中の秋に転園してきたAくんというお子さんがいます。少し配慮が必要な子で、前園では突発的な行動が多く、常に監視状態で大変だったという申し送りでの引き継ぎでした。

※8　子どもたちに「資質・能力」を育てていくときの学びや指導を充実させるための視点として、文部科学省中央教育審議会答申などに記載。
・主体的な学び…周囲の環境に興味や関心をもって積極的に働きかけ、見通しをもって粘り強く取り組み、自らの遊びを振り返って、期待をもちながら、次につなげる。
・対話的な学び…他者との関わりを深めるなかで、自分の思いや考えを表現したり、伝え合ったり、考えを出し合ったり、協力したりして自らの考えを広げ深める。
・深い学び…直接的・具体的な体験のなかで「見方・考え方」を働かせて対象と関わって心を動かし、幼児なりのやり方やペースで試行錯誤を繰り返し、生活を意味あるものとして捉える。

けれども、その子が好きな車づくりの遊びを保障していったところ、ほかの子に車をつくってあげたり、自動車修理工場をつくったりと遊びが変わってきて、周りの子どもから認められるようになると、だんだんみんなと一緒にいることが楽しくなってきて、ついには嫌がっていた運動会の旗の踊りにもスッと入ることができました。配慮が必要な子どもたちも調整は必要ですが、遊びや生活について、豊かな経験をしていける。そういう育ちを乳幼児期に保障していくことは大事です。

そのAくんは何と言ったかというと、前園では「幼稚園に来るといつも怒られてばっかりで、いつもドキドキしていた。だけど今は友達のなかにいて楽しい」と。受身的に「しなければいけない」または「してはいけない」園生活と、主体的に「自分のしたいことをするなかで友達にも認められる」園の生活では、やはり大きな違いがあります。こういう違いを生み出すように、保育の質をどう上げていくのかを考えなければなりません。

◆子どもにとって「学び」とは何か

今回の改訂（定）の大きなキーワードの1つが、「学びとは何か」ということです。

私が以前、**佐伯胖**《ゆたか》※9先生とお話ししたときに、学びとは、「『何が本当か』という問いをもち続けていくことでないか。何か出来上がったもの、正しいということを知っていることが学びではなく、それを使ったり、変形したり展開したりしていくことが

※9　認知心理学者（1939〜）。田園調布学園大学大学院教授。東京大学・青山学院大学名誉教授。認知心理学に基づき「学び」を分析する研究で著名。幼児教育についても研究、提言を行う。著書に『「学び」の構造』『「学ぶ」ということの意味』、共著『子どもを「人間としてみる」ということ　子どもとともにある保育の原点』など。

学びである」とおっしゃっていました。そういう知を認定こども園のなかにつくっていくことが、今回の改訂（定）では問われているのです。

3法令で語られている「10の姿」も本来、育てるべき姿ではなく、子どものなかにある力です。子どもが夢中で遊んでいるときに、そういう力が子どものなかにあるんだという前提が大事だと思っています。

そう考えると、1歳児だって学んでいます。ある時、1歳の子が園庭でアリを見ていて、まずは小さなシャベルで水をかける。水が余りかからなかったので、次に小さなペットボトルをもってきてかけてみる。それでもアリが逃げるので、今度は大きなペットボトルをもってきた。このように、1歳でも道具を使っていろいろ試したり、真剣に観察したりする姿があります。子どもたちはそうして懸命に考えています。

また1歳でも共感性があって、友達が寝ていたときに一生懸命にトントンと叩いたりする姿が見られるのは、人に対して優しく関わろうとする気持ちがあるからです。

ほかにも、年長児が火山をつくった例があります。この子たちは園の「風の時間」で夕方にたき火などをした経験があるためか、園庭に本物の火山をつくろうということになりました。最初は、火をつけようとしてもなかなかうまくいかず、火山のイメージを本で見て確認し、何度も穴を工夫して火口をつくる。1週間以上、試行錯誤を繰り返し、最後はみんなであおいで風を送ると、やっと火口から火が出たという経験をしました。

認定こども園には長時間保育になる子どももいますが、いろいろな子どもが工夫したりするなかで自分たちの生活の質を上げる。保育者もそういうことを考えながら保育の質を上げていくことが大事なのではないでしょうか。

◆家庭や地域の教育力が高まる工夫が必要

やり方としては、幼児教育の時間として9～14時までを大事にするのなら、預かり保育や長時間保育も大事にする。さらに園のなかの乳児の生活もそうだし、家庭での乳児の生活も大事でなければならない。それから、地域や家庭に子どもの居場所がある、小学生と遊んだりいろいろなところに行ったりする経験ができる、そうしたすべての子どもの生活を丸ごと考えなければいけないと思っています。

幼児期の教育だけを担うといっても、そもそも子どもたちの生活が貧しくなっているなら、幼児期の教育の質を高めるためにはそういうところも考えていくことが必要で、それが認定こども園の役割なのだろうと考えています。

子育て支援についても、佐伯先生が本園の開園式に来られたときに、「渡邉くん、あまり子育て支援をやるな。子育て支援の支援をしろ」と話されました。親同士が子どもをお互いに預かるとか、うちに遊びに来てとか、地域のなかに子どもを返していくような「子育て支援の支援」を行うのも、認定こども園の役割だと思っています。

さらに、入園前の子どもたちが、どろんこに夢中になってよい、けんかをしてもよい、それが大事なのだといった子育て支援の情報を、保護者や地域にどう出していくか。園がすべてを引き受けるのではなくて、親同士がつながっていき、支え合う保護者同士の関係をつくっていくことがとても大事だと感じています。

幼保小の流れでも、これから小学校教育が変わっていくときに、幼稚園、保育所、認定こども園がどんな子どもを育てるかが問われてきます。乳幼児期に主体的、対話的に学べる子どもが育ってくると、小学校も変わってくるはずです。

本園のある横浜の小学校では、幼保小接続のスタートカリキュラムを推進していますが、この数年、幼保小の円滑な接続の推進を進めてきた小学校の先生方は、1年生を担任した1年目は子どもたちが学校の規則に従うようにピリピリしていたそうですが、2回目の1年生、3回目の1年生のときはどんどん子どもたちが主体性を発揮するのを見て、「もっと子どもたちを信じてよいと感じている」と話しています。

接続では、幼稚園、保育所、認定こども園がどういう子どもを育てようかというのを真剣に考える場になってほしいと思いますし、素敵な小学校の先生方もいるので、そういう人たちと連携していくことも大事です。幼稚園、保育所、認定こども園が何を小学校に伝えていくかがいっそう重要になります。

◆10年後の乳幼児教育・保育を見据えて

2018（平成30）年度からに3法令が施行になりますが、その10年先を見るとき、

認定こども園の役割

認定こども園のなかで幼児期の教育及び保育を考える
家庭や地域の教育力が高まる工夫が必要！

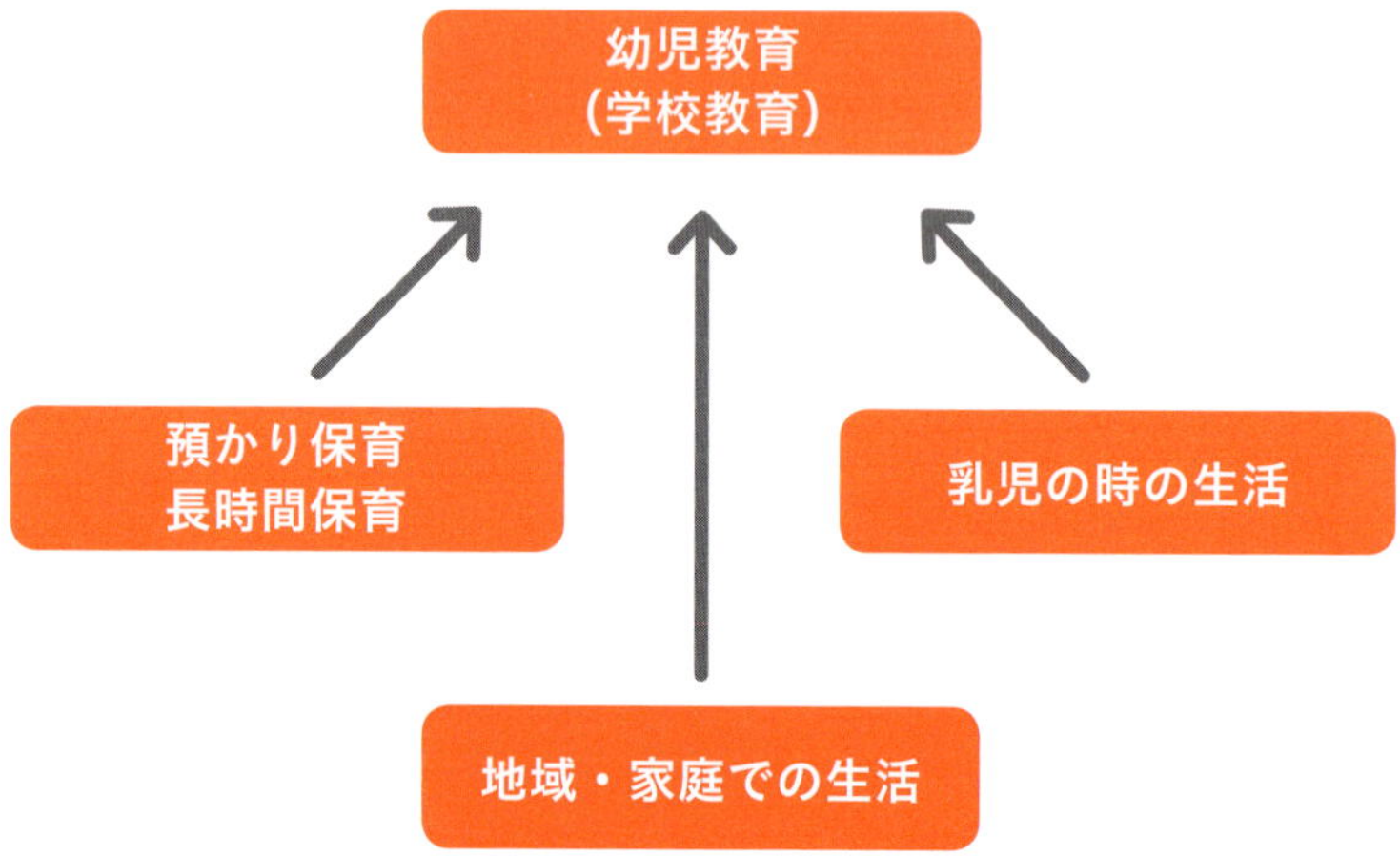

預かり保育や長時間保育だけでなく、
地域も含め、多様な経験をする子どもが集まることで、
幼児期の教育の質は高まっていく。

幼稚園、保育所、認定こども園と区別するのではなく、日本の乳幼児全体の育ちをどう考えるかという視点が不可欠です。それは子育て支援も含めて、認定こども園の役割だと考えています。

本来、認定こども園は親が働く、働かないという選択は自由ですから、親が子どもといるのが面白いとなれば働かないという選択をしてもよいし、親が短時間の労働で帰ってくるという選択をしてもよい。そういう多様な保護者がつながっていって、結果的には子どもを大事にする地域・社会をどのように形成していくか。そういう大きな視点でこれからの教育及び保育を議論をしていくとよいでしょう。

またそういう教育・保育を実現していくためには、保育者の役割は重要ですし、どのような保育者をどのように育成していくのかということも、大事になると思います。

3法令改訂（定）における問題提起……………大豆生田啓友

3法令に共通の「10の姿」などを実践に活かすときの考え方とは

大豆生田　3人の先生方のお話を踏まえ、今回の3法令の改訂（定）の要点について、少し整理をしたいと思います。

今回の改訂（定）は、単に幼稚園、保育所、認定こども園の要領・指針の同時改訂（定）というだけではなく、もっと大きな小・中学校、高等学校などの学習指導要領改訂という教育全体のなかで、基礎として位置付けられたものです。これはすごく画期的なことです。

一方で新しい要領・指針は、幼児期の教育は子どもの自発的な活動である遊びや生活を通じて育てるもの、というこれまでの考え方を継承したものでもあります。そこに、小学校以上の教育につながる幼児教育において育てる「資質・能力」が位置付けられました。

そして、「幼児期の終わりまでに育ってほしい姿」として、5歳児後半に育っていく5領域の内容が「10の姿」として示されました。これは小学校との接続において「遊びは学び」というなかなか見えにくいものを、幼稚園、保育所、認定こども園ではこ

大豆生田啓友さん

うした内容も育てているという枠組みとして示したものです。「10の姿」は、到達目標ではなく、「姿」として示されているということは、何度も説明されているところかと思います。

さらに、子どもの自発的な遊びや学びを通して育っていく「10の姿」を念頭に置きながら、どのように教育課程を編成し、評価・改善していくかという**カリキュラムマネジメント**[※10]が重要だ、ということも説明されています。

また3歳以上の子どもについては、幼稚園、保育所、認定こども園が共通の「幼児教育」を行う場として位置付けられました。もちろん、従来から保育所でも同じ教育を行うと言われてきましたが、これをきちんと位置付けるものになりました。

そして、0、1、2歳は保育内容の記述をさらに厚くして、養護がすべての年齢の基盤だが、今回「学びの芽生え」につながる0、1、2歳の手厚い保育が求められる、というお話もありました。

これは考えてみれば、**子ども・子育て支援制度**[※11]の「すべての子どもに質の高い教育・保育を提供する」という大きな理念を具現化したもの、と考えてよいでしょう。

私のなかではこの説明がストンと落ちるのですが、具体的な内容について現場の先生方と話をしていくと、いろいろな課題があるのではないかという声もお聞きします。これから特に2点、問題提起させていただきます。

※10　幼稚園教育要領、幼保連携型認定こども園教育・保育要領に記載。幼児教育施設の目的や目標となる「全体的な計画」を実現するために、どのような指導計画や環境構成をつくって、それを実施・評価し、改善していくのかという営み。各園の実態に即して指導計画を考え、組織的・計画的に教育活動の質向上を図っていくために重要。

※11　2015（平成27）年4月施行。幼児期の教育・保育の「量の拡充」と「質の向上」を進めるための制度。「量」については待機児童解消や少子化が進む地域の施設統合、「質」については、すべての子どもに質の高い幼児教育を実施することや、職員の処遇改善、研修の充実などが目的として掲げられている。

◆「10の姿」に対する問い

- **「10の姿」は、説明言語として「到達目標ではない」とされている。子どもの成長のプロセスを振り返るツール、あるいはカリキュラムマネジメントのツールとして、具体的にはどのように使われるのか**
- **この「10の姿」は、5歳児後半をイメージするものと言われているが、これは3歳児あるいはその下の年齢でも活かしていくツールとするのか**

大豆生田　1つ目は「10の姿」に対する問いです。「10の姿」は、小学校に「遊びが重要な学びだ」と説明する言語として、わかりやすいと思います。しかもそれは到達目標ではないと何度も説明されています。「ここまでできるように」というものではないとされています。

しかし現場では、「やっぱりそれに合わせるということになってしまうのではないか」という指摘が出ています。子ども主体の遊びを大事にしている園の事例研究などでも、「10の姿」を意識した瞬間に「このことが十分に育っていない。だから、このことを特に重点的にやります」というように、「できていない」子どもの姿に着目することが増えていきはしないか。「10の姿」は子どもの成長のプロセスを振り返るツールとも言われるが、具体的に園のなかでどう使ったらよいのか。そのあたりをお聞かせいただきたいと思います。

また「10の姿」は5歳児後半をイメージするものですが、5歳児後半を対象に使っていくツールなのか、3歳からその方向を見ていくものなのか。あるいは、0、1、2歳児が幼児教育の基礎であれば、未満児からもそういうものを考えていくのか。さらに振り返りなどで使っていくときに、チェックリストのような形で使うことがあり得るのでしょうか。

そうした具体的な展開の仕方が見えてくると、「10の姿」は「子ども主体の遊びが学び」であることを可視化する有効なツールであることが見えてくるのではないでしょうか。ご意見をお願いします。

無藤　まず「10の姿」というのは、小学校教育へのつながりということもそうですが、単に小学校との連携を考える便宜的なものではないと私は思います。

幼児教育のあり方全体の構造を考えると、幼児教育の課程に「ねらい」と「内容」が含まれていて、それをベースにして全体的な計画（教育課程や保育課程など）をつくります。それに対して「幼児期の終わりまでに育ってほしい姿」は、長い意味での方向性のあるプロセスというか、あちらに行くという矢印のようなものです。さらに、その先の0~18歳という長い目を意識した「資質・能力」というストーリーが入りました。いわば「ねらい」に相当するものが3つの構造になっていて、そのなかで「資質・能力」を伸ばしていくということになります。

しかし、あまりにそれは抽象的だし深すぎるところがあるので、日頃の幼稚園、保育所、認定こども園の活動に活かすために、そのつなぎ役になっているのが「幼児期の終わりまでに育ってほしい姿」です。

つまり、「幼児期の終わりまでに育ってほしい姿」というのは方向的な目標として、「資質・能力」と5領域における「ねらい」「内容」をつなぐ媒介を果たす、と言えます。別の言い方をすれば、5領域のなかに「資質・能力」を埋め込んでいくということです。

この「10の姿」は、乳児保育を参照してみると、0歳からつながっているのがよくわかります。「健康な心と体」は、乳児保育の「自分の心身との関わり」に直結しています。というよりも、乳児保育が「10の姿」に直結しています。乳児だから「〜をつくり出す力の基盤を培う」となっていますが、それが「幼児期の終わりまでに育ってほしい姿」につながる始まりだということです。

ということは、「10の姿」は年長の時期に突然現れるものではなくて、幼児期全体の育ち、そして学びの方向であるということです。当然、3歳も4歳もそうです。

しかしながら、「10の姿」だけで保育をしろということではありません。それは1つの整理であって、個別の日々の保育は直接的には5領域そのものです。もっと直接的に言えば、保育のプロセス。プロセスを簡単に言えば、子どもがいきいきと日々の生活を送ること。それがまさに子どもの「今」だと思います。

無藤　隆さん

それに対して「10の姿」は、子どもの未来を方向付けていくものです。未来ばかりを考えると今が消えてしまう。でも今ばかり考えると未来が見えなくなってしまう。そのような批判はありますが、子どもの今と未来の両方を考えるのが、私はプロフェッショナルではないかと思います。

汐見「10の姿」の内容については現場でもっともっと議論しなければいけないと思っています。ただこれは到達目標ではなくて、これから社会で生きていく人間にとっては5領域をベースにしながら、こういうものがこれから大事になっていくので、それを意識しながら保育をしていこう、といった形で活かしていけるものかと思います。特に今回は、10年後、20年後の社会を生きるということを意識して、「要領」がつくられていますね。AI（人工知能）が日常的に広がる社会で、人間の主体性をどう担保するかということを考えると、「10の姿」の各項目はなるほどというものがありますよね。

よく、うちの園では「自己肯定感を高める保育をしています」とか、「自然のなかで遊ぶ時間を大事にしています」「仲間を大事にする気持ちを育てています」というところがあると思いますが、それらは社会で生きていくための大事な「資質・能力」です。

つまり5領域をベースにしながら、社会で上手に生きていくためのある種の目標意識として置いておく。そうすることよって、より意識的に子どもたちを育てていくと

汐見稔幸さん

いう姿が鮮明になっていきます。

私は教育というのは、単に「お預かりします、今日も元気でしたよ」というのではなく、また毎日何をして遊ぶかを「子どもに任せてあります」というものでもなく、そのことによって確実にこういうものを育てたいよね、こういう力がもっとほしいよねというものを意識的に育てていく。それでうまくいかないことは反省してやり直すということを繰り返していく、ある種の意識性を指していると思います。

たとえば、その子らしくなってほしいと思ったら、本当にその子らしくなっているか、何か無理していないかとか見るはずです。そういうものを評価する力と、評価に基づいてやり方を定期的に見直していくことが重要です。幼稚園教育要領の総則をよく読むとわかりますが、カリキュラムのマネジメントとともに、評価をしっかりしなければいけないと書いてあります。ここで言う評価というのは、いわゆるアセスメントのことですけどね。

大豆生田　渡邉さんの園では、「10の姿」をどのように使えると思いますか。○歳児の○○ちゃんの育ちの記録のようなものか、指導計画のようなところでしょうか。

渡邉　汐見先生が「評価」と言われましたが、評価というものもやり方次第だと思います。たとえば先に私が事例として挙げた配慮の必要なAくんは、前園では人間関係がダメだとか暴力的だとか、育っていない悪いところばっかりが見えていました。このような評価だとその子は悪い子、困った子という話になりますが、もう少し丁寧にその子の世界を見てあげたときに、車が好きで車をつくるのが上手で、小さい子に一生懸命になってつくってあげるといった姿が見えてきます。

「10の姿」を大事にするところから、子どものよさが見えてくるのです。それは1歳だって2歳だってあります。無藤先生の「今と未来を考える」という話であれば、5歳を小学校につなげるだけでなく、1歳だって今を一生懸命生きることが未来につながります。そうだとすれば、保育者側が子どもを見る視点を豊かにして、その子の悪いところでなくてよいところを見るようにするためにはどうしたらよいのかを考える必要があります。

その子の思いがわからないと、ずっと迷惑な子、大変な子だという評価になります。それがたまたま好きな遊びが見つかり、自分の声を聞いてくれる保育者がいて、自分の世界が認められていく。そのように子どもたちを豊かに見ていこう、あなたはあなたでよいんだよと視点を豊かにしていくほうが、本当は子どもが育つのです。それが幼児教育であり、小学校以上の教育にもつながっていくことになります。

「10の姿」は使い方を気をつけなければいけないと思います。子どもが活動をしているなかでここが足りないということになって、それを補うための活動を中心的にやるとか、できないところの訓練をするといった話になってしまうと、「10の姿」は怖い使い方になると思います。

渡邉英則さん

大豆生田　渡邉さん、先ほど汐見先生から「評価」という言葉がありましたが、評価というのは子どもたちが生きている姿のなかから見えてきた素敵な姿、よさを味わうとか、面白いことを見つけ興味をもって遊ぶといった具体的なエピソードが評価であって、それを「10の姿」に当てはめるのでなく、そうした姿を拾っていくと、それが「10の姿」にも関連してくる、という考え方でよいでしょうか。

渡邉　そうだと思います。先ほどの事例で5歳児の火山の話を出したのは、失敗をするという経験があるからです。大人が全部正しいとされていることを教えてしまうのでなく、子どもなりに工夫したり意見が異なるなかで試行錯誤をしたりする。そこでは保育者がちょっと引いたり、見守ったりしながら、子どもと関わっていかなければいけない部分もあります。

1歳は1歳なりに、2歳、3歳、4歳、5歳と、一生懸命やっていることを大事にして、子どもの世界を尊重してみる。そこへどうやって保育者が関わっていくのかが大事なのだと捉えられれば、よい方向に進んでいくのかなと思います。

汐見　今回の改訂（定）で保育の「評価」ということも丁寧に議論したほうがよいと思います。実際、保育者は常に評価をしています。うまくいかないなとか、なんでこんなことするんだろうとか。渡邉さんが話されたように、批判的評価、否定的評価よりは、共感的な評価をどれだけできるのかが、保育者にとっては決定的に大きい問題だと思います。それをアセスメントと言った方がわかりやすいかもしれませんが。

また、小学校以上では試験をするときに何を評価するかと言うと、一番大事なのは教師の教育のやり方を評価することです。つまり、あまりうまくいかなかったときも、評価の対象は指導をしている自分なんだということ。保育者が自分のやり方を評価するために、評価というものはあるのです。そのときに子どもが本当にいきいきしているのかといった点は参考にはなりますが、あくまでも評価するのは保育者自身だということです。

◆「教育」の強調という問い

・今回の改訂(定)は、1、2歳児が3歳児以上につながる「教育」の強調ということなのか、それは具体的にどういうことなのか

・小学校のスタートカリキュラムにどのようにつなげていくイメージか

大豆生田　次に2つ目の問題提起です。

先ほど汐見先生のお話のなかに、保育所保育指針の改定は「養護」を強調する、養護から話が始まっているのだとありましたが、指針を見てみると「教育」の強調という見方もできます。

たとえば0、1、2歳児からの保育を丁寧にというお話でしたが、今回、5領域が1、2歳児に入ってきて、0歳児にも5領域をベースにした3つの視点が入ってきました。

これはかなり画期的な視点。そして3法令の改訂（定）作業のなかで「学びの芽生え」という言葉が議論になりましたが、たとえば1、2歳児も3歳児以上につながる教育課程の原則性みたいなものをイメージしているのでしょうか。あるいは、0、1、2歳児の学びの芽とは、先ほどの渡邉さんの事例のように、子どもたちがワクワク面白がりながら、そのことを学びにしていくんだよ、ということでよいのでしょうか。

そしてもう1つ、小学校のスタートカリキュラムにつなげるという点も、画期的な改訂（定）でしたが、具体的にどのように考えていったらよいのでしょうか。最後にひと言ずつお願いします。

無藤　スタートカリキュラムについてひと言述べます。先ほど話したように、今回、学習指導要領にスタートカリキュラムが義務付けられたので、どの小学校もやっていると思います。その中身をどうするかは公立小学校の責任ですが、その小学校に子どもを送り出す幼稚園、保育所、認定こども園の力量の問題もあると思います。小学校がいけないと愚痴をこぼすのではなく、対等の協同の関係をつくっていってほしいと思います。

汐見　今回の改訂（定）は10年後、20年後を見据えているものです。２０３０年を念頭に置いてとなっていますが、世界の幼児教育の改革の流れでは、幼児教育の対象はほとんどの国で3、4歳児からで、義務教育になっている国もあります。幼児の子どもがいて、そこに税金を使う。それだけ責任をもって、社会の力で子どもを育てていいく社会に変えていこうということです。

今後、日本でも3歳児から義務教育が始まる可能性が出てきます。そうすると、3、4、5歳児と小学校がまったく違うシステムが考えられているのが現実的でなくなります。3歳児が1年生、4歳児が2年生、5歳児が3年生、6歳児が4年生という社会が来るかもしれません。そういうときに備えて少しでも準備をしようということでカリキュラムを考えたのが、今回の改訂（定）だと思っています。

渡邉 要は、子どもたちが何が本当か見つけていく過程を一緒に考え、探していくのが教育ではないでしょうか。今回の改訂（定）で人が学んでいくことや、育っていくことがどういうことなのかということがもっと議論されてくると、教育という意味も、大人が正しいことを教えて試験をするとかではなく、中身が少し変わってくるのではないかと思います。また私は変わっていくことを期待しています。

Part 2

幼児教育の
これから

座談会「幼児教育のこれから」……序・大豆生田啓友

3歳以上の「幼児教育」と現場での取り組み

このたび改訂（定）された幼稚園教育要領、保育所保育指針、幼保連携型認定こども園教育・保育要領では、幼児期に育てたい力として「資質・能力」や、「幼児期の終わりまでに育ってほしい姿」というものが示されました。

今後は幼児教育に携わるすべての施設で、こうした育ちの目標をもって教育・保育を行っていくことが求められます。ただし具体的な運営方法は、個々の施設に委ねられています。各施設はそれぞれに文化や方針、環境が異なるなかで、どのように目指す教育・保育を実現していけばよいのでしょうか。

たとえば、その後の学校教育にもつながる学びの芽となる「遊び」とはどのようなもので、それをどう実現していけばよいのか。また幼児期の遊びの大切さについて保護者にどう伝えていくのか。さらに「幼児期の終わりまでに育ってほしい姿（10の姿）」を、日々の活動や計画にどう活かしていくのか。あるいは、改訂（定）で強調された小学校との接続をどう図っていくか。

こうした実践における課題について、今回、幼児教育施設を率いる先生方にお集まりいただき、日頃の取り組みや現場の声を話していただきました。無藤先生を交えての議論のなかから、今後、各園で実践を進めていく際のヒントとなる視点がいくつか見えてきたように思います。

［座談会参加者］ 写真右より

・大豆生田啓友／司会
・無藤　隆／コメンテーター
・桶田ゆかり／文京区立第一幼稚園園長（東京都文京区）
・田澤里喜／東一の江幼稚園園長（東京都江戸川区）
・渡邉英則／港北幼稚園・ゆうゆうのもり幼保園園長（横浜市都筑区）

「遊びが学び」という幼児教育をどのように実現していくか

◆一斉型の保育から「遊びが中心」の保育へ

大豆生田　最初に、「遊びが学びの幼児教育の実現」というテーマで、お話しをお聞きしたいと思います。

今回の3法令の改訂（定）において、5領域という保育内容そのものはあまり変わりません。しかし幼稚園、保育所、認定こども園の「遊び」が、これからの学校教育全体のスタートとして位置付けられました。まさに「子ども主体の幼児教育」をどう実現していくかということだと思います。

それはただ遊ばせておけばよいとか、大人が指示をして一斉にやればよいというものでもなく、場合によっては「保育を変えていく」ことも必要になりますが、現場からはそれもなかなか難しいとの声もあります。あるいは保育者が保育を変えたいと思っても、保護者の理解が得られないというケースも少なくないようです。そのあたり、いかがでしょうか。

田澤　本園では、7〜8年前から保育の見直しを行っています。

きっかけはマラソン大会です。例年行われていた行事ですが、大会前になると毎日10時に園の周りをぐるぐると走って練習をするので、そこで遊びがピタッと止まってしまう。担任からは「この行事、なんでやっているんですか?」と聞かれ、私自身も答えられませんでした。マラソンは単一運動で、子どもの体の発達にプラスになるわけでもない。それで子どもの育ちにつながらない行事はやめよう、ということになりました。

そのときは保護者の反応が非常に大きく、「私はあんなに感動するのになんでやめるのか」「私の感動をどうしてくれるのか」と言われ、「上の子のときは行事も多くていろいろとやらせてもらえたのに、これでは詐欺だ」とまで言われました。しかし、「子どもにとってこういうことのほうが大事ですよ」「夢中で遊んでいるのに10時になるとやめなくちゃいけないんです」と言葉や手紙でいろいろと説明を尽くしたことが、逆に園や保育者の育ちになった気がします。その後も、造形展やお泊り会などを見直して、それらの内容も大きく変えてきています。

最近の活動の例で言えば、一昨年のクリスマス会で保育者がダンスを披露したところ、それを見た年長組の女の子たちが、「自分たちもやりたい」と盛り上がりました。さらに、その姿を見ていた年中組の子どもたちが、年長に進級してから自主的に「クローバーハート」というアイドルグループを結成。衣装や踊り、演出、セットリストなどを自分たちですべて考え、毎日ライブを行うという活動で遊び込んでいました。

田澤里喜さん

アイドル結成　クローバーハート

▶グループ名から衣装、小物まで子どもたちが発案。保育者は子どもたちの思いを聞き取り、環境を構成しました。

◀「この遊びをやりたい！」と主体的に考えて集まった子どもたち。年少組から参加する子もいました。

ソーラン節に憧れて

▶親切にソーラン節を教えてくれる５年生のお姉さん。その姿と、背中にある漢字に憧れを抱きました。

▲小学校の協力のもと、“本物”のソーラン節を見学。５年生の踊りは迫力満点！

◀保育者が小学校１年で習う漢字を調べ、そのなかから子どもたちが好きな漢字一文字を選んで、法被を作成。

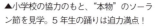

同時期に、前年に近隣の小学校の運動会で5年生が踊ったソーラン節を見た男の子が「かっこよかった、ぼくたちもやりたい」という思いをクラスで発表してから、「SASUKE」というグループができました。5年生が着ていたように背中に漢字一文字を入れた法被の衣装をつくったり、小学校に行って〝本物のソーラン節〟を見せてもらったりもしました。それで毎日10時から「クローバーハート」の舞台の後で、引き続き「SASUKE」がパフォーマンスを行うということが、1学期の間中ずっと続いていました。

そういえば入園の説明会に来ていた保護者が、背中に漢字の入った「SASUKE」の衣装を着た子どもたちが廊下に並んでいる姿を見て、「この園は、漢字教育をやっているんですね」と言われたことがありました。つまり、わかりやすいところに親御さんは目を向ける。だから日々の遊びを充実させるためには、親御さんに説明する言葉をもたなくてはいけない。園長なり職員なりが、「今の子どもたちのため、将来のためにこれが大事なんです」ときちんと説明できることが、とても大事だと思います。

特に今のように幼稚園教育要領が変わるときは、保護者に伝えるチャンスです。本園の場合、遊びの大切さを伝えつつ、「実際に子どもの姿がこう変わってきましたよね」「こういう面白さがありますよね」と、ブログなどで常に発信し続けたことで、徐々に保護者の理解を得られるようになったと思います。

桶田　「遊びを通した学び」というのはこれまでも言われてきたことですが、今回の改訂で今までと何が変わったのかを私なりに考えてみると、それは「広がり」と「深まり」ではないかと気付きました。

「広がり」では、教育目標の具体的な幼児像を設定するときに、今まで子どもの今の姿から考えていました。それに対し、子どもの今だけでなく、大きく成長したときの姿も想像しながら考えていくのが「広がり」です。そして「深まり」というのは、これまでも日々の保育や行事などの保育の振り返りはしていましたが、教育課程に添ってどうなのかという視点で考えてみるのが、「深まり」だと思います。

本園は、毎年4月には園長の経営方針として、「遊びが中心」ということを図示して、全教職員と保護者に伝えていますが、今年は「幼児期の終わりまでに育ってほしい姿」をそのなかに入れて「遊びのなかでこういう力が芽生える」ということを伝えました（65ページ）。

本園も「この行事は子どもたちに本当に必要なのか？」といった疑問が出てきて、例年子どもが頑張った姿を披露する「チャレンジ発表会」を保護者に見せるのはやめました。「見せておしまい」というか、見せることがゴールになってしまい、子どもたちにとっての活動のねらいが違ってしまっていたからです。

本園は現在、若い教員が多いこともあり、実際の教育課程に「幼児期の終わりまでに育ってほしい姿（10の姿）」を入れたものはまだできていませんが、「10の姿」にあるような視点を若い先生や保護者に伝えていくのが、園長の役割と思っています。

教育活動の構想図

平成 29 年度文京区立第一幼稚園　経営方針　H29.4　園長　桶田

園の教育目標

人間尊重の精神に基づき、集団の中で一人ひとりの個性を発揮し、心身ともに健全で、自律性、社会性、創造性豊かに、主体的に行動できる幼児の育成を目指す。

- げんきな　こども
- やさしい　こども
- つくりだす　こども

↓

園内研究『心豊かな幼児の育成』

～3年保育の教育課程・指導計画の作成～

↓

遊び

自分が興味をもった環境（物・人・事）に思う存分関わり、自己充実する

課題活動

教師が設定した活動に、興味や関心をもち、理解して自分から取り組み、力をつける活動

集団活動

学級・学年の友達と一緒に活動し、遊びの幅を広げたり友達関係を深めたりする

幼児期の終わりまでに育ってほしい姿

- 健康な心と体
- 自立心
- 協同性
- 道徳性・規範意識の芽生え
- 社会生活との関わり
- 思考力の芽生え
- 自然との関わり・生命尊重
- 数量や図形、標識や文字などへの関心・感覚
- 言葉による伝え合い
- 豊かな感性と表現

生活習慣

自分のことを自分でする活動
みんなが気持ちよく生活するために必要なことをする活動

↑ 保護者　　↑ 地域

保護者への配布資料より一部抜粋・改変

ただ今回、少し「怖い」と思うのが、本園だけでなく公立幼稚園はどこも「遊びを中心にやっています」と言い、やっているつもりでいる。基本は変わらない、「遊びを通しての学び」は変わらないと言われて、「そう、うちはやっています」と思って終わってしまったら、きっと保育の質は下がっていくだけだろうということです。カリキュラム・マネジメントもそうですが、「今までのままでよいのですよ」と言われたことを鵜呑みにしてはいけないと、自分に対してもいい聞かせています。

先日も小学校の先生方が中心の研修会に行ったときに、講師の先生が「小学校で**アクティブラーニング**[※1]はやっていますよね。だから変えなくてよいですよ」と説明しているのを聞いて驚きました。それを真に受けてしまうと、どうしてもやすきに流れてしまう。

この改訂で変わらないはずの「『遊びを通しての学び』が本当にできているのか?」と、丁寧に振り返ってみることが大事だと感じます。

渡邉　本園では以前から、運動会の種目なども、子どもが考えて決めるという取り組みを続けています。

事例で紹介するのは、昨年の年長が行った「どきどきするけど、がんばる!　ころがるどろだんご(泥団子転がし)」です(68ページ)。自分たちでつくった泥団子を、手を使わずにクラス毎に設けた円の中央のたらいに入れ、その数を競う競技です。

まずはルールづくりから子どもたちと話し合い、大人は口出しをしない、泥団子を

※1　幼児、児童・生徒が受け身ではなく、能動的に学ぶことができるような学習方法。能動的に学ぶことによって「認知的、倫理的、社会的能力、教養、知識、経験を含めて汎用的能力の育成を図る」(2012年8月中央教育審議会答申)ものとされる。今回改訂の幼稚園教育要領には「アクティブラーニング」という文言は直接用いられておらず、「主体的、対話的で深い学び」という言葉で子ども主体の学習が表現されている。

運んだり転がしたりする道具は廃材やダンボールでつくる、泥団子を入れる際に白線に足を入れたらカウントがゼロになるなどのルールを決定したりしました。

そこから使う道具を話し合ってつくり始めるわけですが、子どもたちが最初に考えた長い筒のような道具では、泥団子がうまく転がらなかったり、割れたりする。次に布を使えば割れないのではという意見が出て、こいのぼりの布の上を転がそうという案も出てきます。そういう話し合いのなかで、今まであまり発言をしなかった子がアイデアを出す姿や、それまで泥に触るのが苦手だった子が泥団子づくりを始めるような姿も見られるようになります。

9月に入って競技形式で試してみますが、やっぱりうまくいかない。道具がたらいまで届かないとか途中で円内に足が入る、友達との連携もうまくいかないなど、「どうしたらよいのだろう」ということが出てくる。そこでいろいろと葛藤しながら道具を改良し、おみこし型の道具で運ぶチーム、すべり台をつくるチームなどが出てきます。先生たちはこれで本番に間に合うのかとヒヤヒヤしながら見守っているのですが、9月後半になると、各クラスで泥団子づくりに火がつき、全員が朝から砂場で泥団子をつくっているので、部屋は空っぽといった光景もよく見られました。

そして10月10日の本番。友達と協力して泥団子を入れようとする姿があちこちで見られ、保護者からは拍手喝采を浴び、クラスが1つになったという体験をしました。

この事例は「協同性」の育ちとも言えますが、ここで言いたいのは、保育者主導で

渡邉英則さん

子どもが自発的に動いた泥団子転がし

▶運動会の競技で、５歳児は泥団子を転がして円の中央にあるたらいに入れる競技（泥団子転がし）を実施。

▲泥が苦手だった子も周りの子につくり方を教えられ、やがて泥団子づくりの名人に。

▲本番直前は、朝からクラス全員が泥団子づくりに没頭する姿もよく見られたそう。

▲泥団子を転がす道具として、大型すべり台を作成したチームも。

▲つくって試して失敗しながら、「もっとこうしたら」と子どもたちがアイデアを練ります。

▶運動会当日。力を合わせて泥団子を入れようとクラスが団結。その姿に保護者からも大きな拍手が。

答えを教えようとしない、まず子どもの声を聞くことがアクティブラーニングだということや、葛藤体験が子どもを育てるといったことを、保護者にも小学校の先生方にも伝えていかなければいけないということです。

◆見えにくい「遊びが学び」の価値を伝える

渡邉　保護者の理解ということで言えば、特に私立幼稚園では「英語をやっています」「フラッシュカードやっています」とか早く何かを教えることが教育だとするような園があるなかで、保護者に「遊んでいるなかで育つ」ということを納得してもらわなければ、少なくとも選んでもらえません。

田澤先生が言われたように、一見してわかりやすくていろんなことをやってくれる園のほうが保護者にとってはお得感がある。この園は「遊んでいるだけですか?」「英語はやらないんですか?」「体育の先生もいないんですか?」というときに、「いやいや、遊んでいるほうが育っている」ということをどう伝えていくのか。

また小学校1年生の4月時点で比べると、「座って、先生の言うことを聞く」という指導をしてきた園が有利かもしれません。3年、4年、5年と学年が上がっていったとき、あるいは大人になってからも伸びていくような力の育ちをすぐにわかってもらうのは難しいでしょう。うちの園の子どもたちは小学校6年の運動会の応援団長に立候補するとか、いろいろなことに挑戦しようとする姿があるなど、もう少し違う尺度で子どもの育ちをきちんと伝えていかないと、その辺のところはどうしても理解されにくいと思います。

田澤先生の園のマラソン大会の事例が素敵だなと思ったのは、保育者が「変えたい」といって、保育者が一生懸命に保護者を説得したこと。それがうまくいったから、たぶん「これも変えたい」「あれも変えよう」となったのでしょう。

だから単に「マラソンをやめる」というのでなく、本当に子どもたちがやりたくなって、いきいきと没頭する活動、毎日でもやりたくなるような魅力ある活動があれば、マラソン大会よりよっぽど体を動かすことがあるんだという、そういうことを子どもの姿を通して保護者に知らせていくことが必要です。本当に遊びって大事なんだ、子どもにはこんな力があるんだと、いかに保護者にわかってもらうか。それをしないと、乳幼児期の本当の面白さは保護者に伝わらないと思います。

大人が決めたことを教え込んで、大人が思っているような「よい子」にしていく指導もあります。しかし「よい子」というのは大人が決めた幻想であって、子ども自身が納得しているわけではありません。子どもが本当に自分のやりたいことを夢中になってやるとか、できなくても挑戦し続けるとか、自分はやりたくないと思っていたが友達や先生に誘われてやってみたら、その世界が広がって面白くなったとか、さまざまなところで子どもたちが多様に豊かに育っていく。そのことはどういうことかを、幼児期に保護者も子どもも経験することが重要です。それが小学校に行っても多様性を認める、一人ひとり自分は違っていてもよいし、自分の意見を言ってもよい、ということにつながっていくと思います。今回の幼稚園教育要領改訂は本質的なところは変わりませんが、「遊びが本当に大事なんだ」ということを保護者にも小学校にもきちんと発信していって、理解してもらうというところですごく大きな意味合いをもつと思います。

保育者がアクティブラーニングを実践していくための手がかり

◆1人の職員の実践が、ほかの職員を刺激

大豆生田　「遊びが学び」、アクティブラーニングなんだと言うときに、保育者の力量によってそれができるかどうかが変わってくる面もあります。若い先生が多いという実態もあるなかで、そういう充実した遊びを行うスキルを身に付けるための具体的な手がかりがあれば、お願いします。

田澤　うちは数年前に年長の担任の1人が、「お寿司屋さんをやりたい」と言う子どもの思いをぐんと広げて、2～3か月の間遊び続けたことがありました。行事がいっぱいある忙しいなかで、その保育者が1人で子ども主導の遊びを実践したのです。すると、それを見た周りの担任や職員が、「これが本当の遊びだ」「こういうことが面白いんだ」とわかり、それが自然に伝播していきました。

それまで私が「こういうことがよいのでは、ああいうことがよいのでは」といろいろと言い続けていましたが、それは保育者にはわかりやすいものではなくて、1人の実践、事例をみんなでシェアしていくというのが実は鍵でした。

そしてそれをしていくと「行事があるって窮屈だよね」となっていって、「じゃあ、この行事ってどうしたらいいの？」「なんでこの行事があるのですか？」「これがなければもっと遊びを広げられたのに」と保育者側からの発信が聞かれるようになりました。それならば、それに応えてあげるのがミドルリーダーや園長の役割ではないかと。こうして、保育者自身が率先して子どもの遊びを協同的であり主体的でありというふうにやっていける環境づくりを目指そうということで、現在のような方向性になりました。

だから、保育者発信というのがすごく大事だと思います。

桶田　本園の場合は若手が多いのですが、有難いことに中堅保育者が2人いるので、ある意味でモデルになってくれています。意識しているところもあるし意識していないところもありますが、3年間をどう積み重ねて経験していくと今の年長になるかというのをわかっている職員がいて、実践を見せてくれています。若い職員はよくわからないながらもついていくと、そういうことになるらしいという形で、OJT※2で学んでいます。やはり園長が言うことより、先輩保育者のやってくれることが大きいと感じます。

今は、公立幼稚園でも中堅職員が少なくなっているなかで、園によっては園長や副園長がモデルにならないといけないところもありますが、やはり保育のなかで面白さを伝えていきたいと思います。

桶田ゆかりさん

※2　On the Job Training（オン・ザ・ジョブ・トレーニング）。職場で実務を行うことで必要な技能を身に付けていく職業教育。

子どもたちが何をどう生み出していくかわからない、先が見えない遊びの面白さを、若い保育者たちも味わってほしいと思っています。

渡邉　本園ではだいぶ前に鼓笛隊をやめましたが、以前から、「行事が終わってからも続くような鼓笛隊にしよう」と言っていました。練習をすごく重ねるわけではなくて、楽器を好きに叩いてよい、大太鼓が1人でなくてほかの子もやってよい、遊びのなかでやってよいという感じです。それで次第に「鼓笛隊をやらなくてもよいのでは」という話になりましたが、鼓笛隊をやめたことで、逆に先生たちが楽器に触らなくなり、「それはおかしい、楽器の面白さはあるはずだ」という話になりました。

それで鼓笛隊をやめる一方、代わりになるようなことってどんなことだろうと考え、誕生日会で保育者が演奏会をしたりしました。先生たちがきれいな音を出して「音楽ってみんな面白いよ」と示せば、子どもたちは絶対にやりたいと言ってきます。「心が動かされるとはどういうことか」を保育者側で考えてみる必要があるのです。

最近はKMO（港北マジックオーケストラ）という30人ほどの保護者サークルが、日曜日に3～4時間ホールで練習をして、毎学期1回は演奏を披露してくれます。お父さんたちやお母さんたちの演奏があると、その後、子どもたちはすごく演奏をしたくなる。こうして楽器を使って音楽を楽しむ時間が保育のなかにたくさん入ってくると、誰も鼓笛隊をやろうという話になりません。

音楽が楽しい、絵を描くことが楽しい、体を動かすことが楽しい、自然と触れたりするのが楽しいなど、育つ環境をどうつくっていくかがすごく大事だということを、まず保育者の側で自覚していなければならないと思います。

◆「言葉」と「実践」を結びつける経験

渡邉　ただ最近、保育者のなかでも「遊びが楽しい」と思っていない人たちが出始めています。大学の先生に聞いた話ですが、実習から帰ってきた学生が「子どもたちがなんであんなに積み木を積んでは壊し、その繰り返しをやっているのかわからない、何が面白いのかわからない」「むだじゃないですか」と言ったそうです。それで慌てて、大学で学生たちに積み木で遊ばせたそうです。90分授業のなかですごく高いところまで積み木を積み上げてみると、その学生は「壊したくない」だとか、積み木の楽しさを感じたようですが、遊んでみることから入らないといけない。そういう人が今の保育者のなかにも、保護者のなかにもいます。そういう人たちを「子どもたちって本当はこんなに面白いんだ」と、いかに子どもの世界に引き込んでいくかというところでは、**ドキュメンテーション**[※3]の力も大きいと思います。

「今日は砂場で遊びました」というのを、カメラで写真を撮りながら、砂場でどんなことをしたのか、どんな会話をしたか、どんな人と関わったかについて目を凝らしていく。このように子どもの声を聞こうとするなかで、遊びがどうやって生まれるかを新人保育者が考えたり、保護者に発信したりすることができます。

※3　子どもの会話や日々の行動などの保育・教育活動の実践の記録。文字や写真、動画、録音といった記録媒体があり、最近では写真を中心としたドキュメンテーションが保育の振り返りや研修等でよく用いられる。

それを実習生でやると、実習生の評価も変わります。「指導するのが大変」だと担任保育者が嘆いていた実習生でも、写真を撮ってもらうと「こんな面白いところを見てたの？」「こんなこと、子どもが言ってた？」と、担任と実習生とで会話をするようになります。そうして子どもの素朴な面白さをどう理解して、どう受け止めるのかというところを丁寧に教えていくことが大事です。

養成校[※4]の授業や幼稚園教育要領などの「言葉」で知っていることと、保育の場での「実践」を結びつける経験をしていかないと、実践のなかで保育者の質や保育の質が上がっていくことにならないと思います。

つまり、「あ、こういうことって大事なんだ」という場面をどう見つけ出していくか。保育者が0、1、2歳でも素朴ななかで育っているところを見つける力をもっていて、3、4、5歳でもいろいろな葛藤に丁寧に付き合ってくれて、受け止めてくれるようになる。そうすると園の遊びも豊かになりますし、保育者も育っていくと思います。

大豆生田　ドキュメンテーションというと保護者への発信が先に言われますが、実は遊びのなかにこんなに豊かなことがあったということへの、保育者の振り返りになる面もあるということですね。

◆子どもは毎日、毎時間で育っていく

無藤　各先生方から行事の事例が挙がりましたが、行事では保護者の方が感動してい

※4　幼稚園教諭免許や保育士資格の取得を目指す養成施設。専門学校、短期大学、4年制大学などがある。カリキュラムに実習も含まれ、卒業後の就業もサポートする。

て、子どももある意味では感動している。そのこと自体を否定するには及ばないと思いますが、問題は1年間で考えたときに行事は1日限りのことで、その前後はどうなのかということです。厳しい声が飛ぶような指導であれば、子どもにとってマイナスになることもありますが、行事を大事にするという方針自体は多くの場合、認めざるを得ないでしょう。

ただ小さい子どもが辛いことに耐えに耐えて頑張って学ぶ、ということもあるかもしれませんが、どちらかと言うと、楽しさを感じて楽しさの延長で学ぶほうがはるかによい時期です。幼児はまだそれほど見通しや視野が広いわけではありませんし、今頑張れば将来すごくよいことがある、という考え方をしません。そういう意味ではやはり日々の充実が大事ですし、それを実感できることがその後の成長を支えるものになるはずです。

幼稚園、保育所の毎日の日々が充実している。朝、園に行くのが楽しい、帰るときにもこんなよいことがあったと迎えに来る親に話したりする。そういう日々の充実というところに注目していくと、毎日のさまざまな活動のなかで子どもたちが楽しいこと、素敵なこと、面白いことをしているのに気付くようになり、保育者もそうした小さいことの積み上げが重要だという考えに転換していくと思います。

小さいこととは、ある意味なんでもよいのです。乳幼児にとっては、周りにあるあらゆるものが学びになるからです。学校の教科は学びをかなり限定したもので、体系

無藤　隆さん

的に学ぶべき事柄を整理したものです。でも世の中は、学校で教える教科の内容だけで成り立っているわけではありません。たとえば「雪って冷たいな」ということは当たり前すぎて、わざわざ理科の教科としては取り上げません。けれども、乳幼児期にそうしたいろいろな経験をしていることがベースにあって、その上に教科の学習が進んでいきます。１００％とは言いませんが、乳幼児期に経験するたいていのことは学びとして意味があります。

またこの10年、特にこの5年くらいで変わってきたのは、そうした乳幼児期の学びを発信する手立てが増えてきたことが挙げられます。保育者同士でも、保護者の方にも、子どもの姿のなかにあるちょっとした成長や学びといった意味を伝えやすくなってきました。そういうものを使って、どう保育を転換していくかを考えてほしいですし、それを保育者同士や保護者に語るために、保育者が言葉を獲得していくことも大事でしょう。

ひと言で言えば、行事は特別なことですが、子どもは毎日、毎時間で育っていきます。「毎日、毎時間」を大事にしてほしいと思います。

「10の姿」を教育・保育にどのように活かしていけばよいか

◆園内研修などの振り返り、気付きに活用

大豆生田　次に、今回の改訂で話題になっている「10の姿」を大きな切り口にさせていただきたいと思います。まず田澤先生の園では、実際に「10の姿」を使ってみられたということですが、それについてお話をお願いします。

田澤　先ほどの事例で紹介したアイドルグループ「クローバーハート」と、ソーラン節の「SASUKE」という年長児の活動について、園内研修で5歳児の担任3人とフリーの保育者と副園長と私で、「10の姿」を中央において「今の子どもたち、どうだろうね」と振り返りをしながら、マップづくりをしてみました（80ページ）。

するど、今まで見えていなかったことが見えてきました。「10の姿」のなかの「道徳性・規範意識の芽生え」では、「そういえば、誰も指示していないのに子どもたちが靴を揃えておいていた」とか、「あ、こういう姿もあったね」という気付きにつながったのが1つです。もう1つは、これから遊びを考えていくときにちょっと頭の片隅に置いておこうかな、という保育者の意識付けにもなりました。

年長児の活動と10の姿マップ

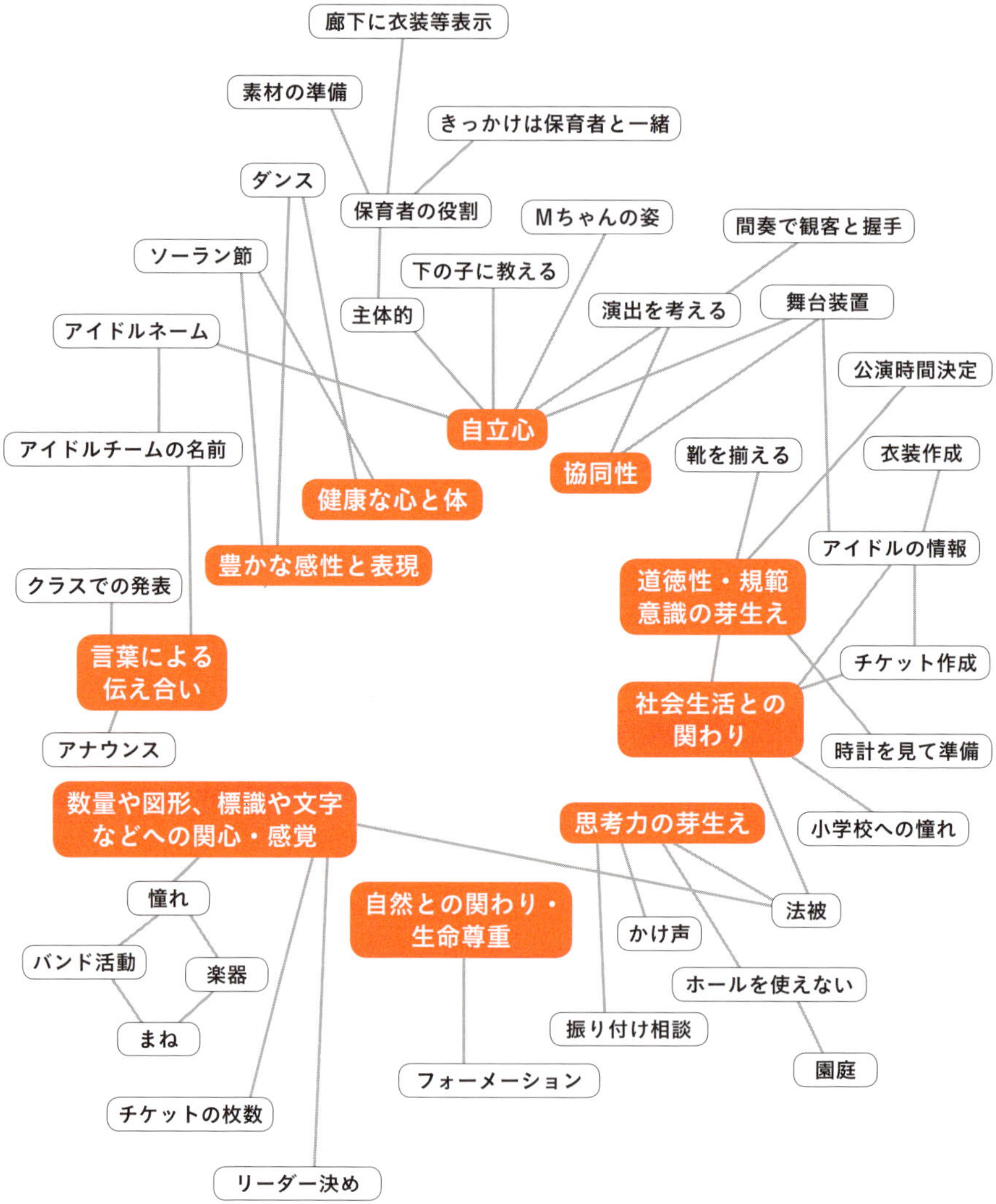

マップづくりをしてみて担任が言っていたのは、「遊び込んでいると、こういう姿が見られるよね」ということです。担任もそういうことを理解してくれてうれしいと思いました。仮に一斉型の活動でやっていたら、そういう姿が見られたかどうか。ちょっと違うだろうと思います。

大豆生田　よく振り返りに写真を使ったりなど、さまざまな方法がありますが、その1つに「10の姿を使う」というのはとても有効な方法で、次の計画につながるのではないでしょうか。桶田先生はいかがでしょうか。

桶田　今回、「10の姿」があって有難いと思うのは、若い保育者や保護者にも向けて子どもの見る視点がもらえたというところです。

遊びを通して育っているといっても、若い保育者はわかっているようでもまだわかっていない。それどころじゃなく必死にやっている保育者に、「遊びのなかでほら、こんなことがあるよね」と話すときに「10の姿」という視点があると、「そうか、思考力か」「これは感性なんだ」と、目の前の子どもの姿からイメージできたり、理解できるようになります。

それは保護者に対しても同じで、「10の姿」があることで説明がしやすくなりました。今年度の1学期の保護者会では「10の姿」を使って、学期を振り返って説明をしました（82ページ）。

逆に、保護者にこうしたことを伝えると、そういう目で見るので、若い保育者たち

保護者への説明ツールに活用

1学期の幼児の育ち

『幼児期の終わりまでに育ってほしい姿（幼稚園教育要領より）』から

1学期を振り返ると…

※ここに書かれている10の姿は、遊びや生活を通して育つものである。
到達目標でなく、育ちの方向性であり、小学校教育に引き継がれるものである。
年中・年少児には、今は見えないが蓄えているものもある。

健康な心と体

幼稚園生活の中で、充実感をもって自分のやりたいことに向かって心と体を十分に働かせ、見通しをもって行動し、自ら健康で安全な生活をつくり出すようになる。

成長　体を動かす・戸外で遊ぶ幼児が増えた。

課題　動いているように見えても、全身や体の部位を十分に動かしていない幼児も多い。姿勢が悪い。すり足でつまずく幼児が多く、大きなケガはないが、ケガは多い。速く動けても、ゆっくりは苦手。

**家庭でも、歩く、階段を昇降するなどを生活のなかでしてほしい。
ハイハイする。いろいろな運動的な遊びをする。**

自立心

身近な環境に主体的に関わり様々な活動を楽しむ中で、しなければならないことを自覚し、自分の力で行うために考えたり、工夫したりしながら、諦めずにやり遂げることで達成感を味わい、自信をもって行動するようになる。

成長　年長児になり、工夫して遊ぶようになった幼児は多い。

課題　しなければならないことより、自分の思いが優先する幼児もいる。
諦めない・自信をもつことについては、これからの積み上げが大切である。

協同性

友達と関わる中で、互いの思いや考えなどを共有し、共通の目的の実現に向けて、考えたり、工夫したり、協力したりし、充実感をもってやり遂げるようになる。

成長　年長児は特に、教師の意図的な話し合い活動では、友達と思いや考えを共有しようとしている。年中・年少児は、友達と過ごす楽しさ、一緒に活動する楽しさを感じている。

課題　遊びのなかでは、相手の思いに気付かないまま進めることもある。

全体保護者会配布資料より一部抜粋・改変

が育っていかないと「先生、あの姿はなんですか?」と言われたときに「えーと」と答えられないことにもなります(笑)。それでは困るので、保護者に語ることができるように自分たちに課していかなければなりません。

気をつけなければと思うのは、「10の姿」を見出しだけで覚えてしまって、中身の説明をきちんと読まずに勘違いしてしまう恐れがあるということです。

それを感じたのは、昨夏の**中央説明会・協議会**[※5]のときです。東日本の幼稚園、保育所、こども園の職員が集まって「10の姿」の事例を書いてくるという課題があり、それを出しあって話をしたときに、子どものいろいろな姿が出てきました。前日に無藤先生から説明があったにもかかわらず、「それって自立心?」というような、生活習慣の自立と勘違いした事例がたくさんありました。説明されたことに対して「うちの園はどうなんだろう」と立ち止まって考える姿勢はなく、「これはうちでやっているよね」と、自分たちの経験に引き寄せて、わかったつもりになってしまう。文言に書いてあること、たとえば「見通しをもつ」といった細かい言葉も含めて、やはりこの姿はどういうものかを見ていかないと、いくら「10の姿」を唱えても10の育ちにはならない気がします。

「自立心」ということで言うと、本園では幼児の実態を見るのが少し弱い傾向にあります。「難しそうだな、失敗しそうだな、やめておこう」と考える親と子が多いなかで、教育課程・指導計画を見直してみると、「自立心」を意識してつくってきたと

※5 「幼稚園教育要領」「保育所保育指針」「幼保連携型認定こども園教育・保育要領」の改訂(定)を受け、平成29年7月から内閣府、文部科学省、厚生労働省が各地で中央説明会、中央協議会を開催し、周知を図った。

いう自分たちの思いは見えてきました。しかし、「10の姿」は偏った見方をしていないかを見直すための視点でもあります。「自立心」の考え方というのは、何でも自分1人で全部できるようになることではなく、人の力を借りてできることも「自立心」の大事な側面だったりします。そこで年長の担任たちも、「困ったときに助けを求められる子にしよう」と話し合っています。困ったら先生にSOSを出すのか、友達を見るのか、何をするのかということも含めて身に付いていると、学校に行っても自分たちでやっていける力になると考えています。

「10の姿」の一つひとつを丁寧に見ていくと、日々の保育の振り返りや園内研修での教育課程・指導計画の見直し、作成のときの大切なポイントにもなると思いました。

◆議論・対話のツールとしての「10の姿」

渡邉　「10の姿」というのは、5歳児になって急にできるようになるわけでもないし、5歳児に身に付けさせるために何かをさせるわけでもないと思います。

無藤先生が言われたように、日々の生活で自分のやりたいことが実現できたり、「今日は楽しかった」「こんなことやりたかった」「やってみたらできた」「粘り強く挑戦してみた」といったなかで育ってくるのが「10の姿」だときちんと言えれば、子どもの見え方も変わってくるでしょう。

そういう個々の子どもの育ちは、1歳、2歳児のほうがわかりやすい。「この子、こんなことするんだ」とか「言葉を使って伝えたいんだ」とか、一人ひとりが葛藤しながら、自分を成長させていくようなところは、0、1、2歳児のほうがわかります。3歳児以上になると、どうしても友達と一緒に遊んでいるかとか、仲間関係とか、遊びを援助してどう続けるかなど、一人ひとりの子どもに付き合うというよりは、集団を集団で見ていくようなところが出てきます。

「10の姿」は、それぞれの子どもたちのそれぞれの時期にあるものですが、本当はどういうことだろうと喧々囂々《けんけんごうごう》話し合ったり、園内研修で「こういうことって大事だよね」「こういうことってきちんと小学校に言いたいよね」などと、子どもの育ちを捉え直す使い方をしてみるとよいと思います。その上で、小学校にも「こんなに豊かに育っている子どもたちですよ」と送り出すのが、今回「10の姿」が入った大きな意味のように感じています。

大豆生田　0、1、2歳児は少人数でもあるから、一人ひとりがこんな育ちが出てきたと見やすいけれど、3、4、5歳児はなかなかそうでないとするならば、やはり「10の姿」は一人ひとりにとってどうなのかを話すきっかけにもなります。

また、桶田先生のように「自立心」ってどういうふうに見ていくんだろうか、といった議論もできます。つまりみんなで話す、対話のツールとして活かしていくことが大事なのですね。

◆「10の姿」を計画や次の保育に活かす

大豆生田　もう1つ、「10の姿」を計画につなげていくときはどのようにすればよいでしょうか。「10の姿」を振り返って、次に計画にどう反映できるのでしょうか。

先ほどの田澤先生のマップにおいて「こういう経験が見られる」というところから、次への展開が見えてくる、ということがあるのでしょうか。

田澤　本園は今、計画をすごく簡略化しています。ただ絶対に譲れないのは、今の子どもたちの姿を丁寧に書こうというところです。ただ、丁寧に子どもを見るというときに、先ほどのお話にもあったように人間関係に偏ることがすごく多いです。そこに「10の姿」が加わることで、違う視点も見つかってきます。

たとえば「アイドルをやりたい」という子どもたちがいたら「なんでアイドルをやりたいんだろう」ともう一歩考える。当然「なんで」は子どもによってそれぞれ違う思いがある。「○○ちゃんがやっているからやりたい」という子もいれば、「正確に踊りたい」という子、「友達に見てほしい」という子もいます。それをもう少し俯瞰して見るときに10の視点があると、子どもの見方にバランスがとれるということもあります。計画を考えるうえでも「ここは気付かなかったけれど大事だから次にやってみようとか、環境構成を加えてみよう」ということが出てきますね。

桶田　次につなげるということでは、たとえば「10の姿」の「自立心」は、幼稚園教

田澤里喜さん

育要領の文言の最後は「～達成感を味わい、自信をもって行動するようになる」となっています。

本園の子どもたちも少し前は、何か達成感を得るとそれが小さな自信になって、次の活動へ意欲的に取り組んでいました。しかし、最近は慎重すぎて、達成したのに元のところに戻ってしまい、なかなか次の活動へ行かないという様子があります。

だから「自立心」の育ちでも、すぐに次に展開するわけではなく、同じところをぐるぐる行ったり来たりしながら、時間はかかるけれども、最終的には自信がもてるようにしてきたいと目指している「今」というのもあると思います。1つの達成感を得ても、この子どもたちにとっては自信につながるだけの達成感にまだなっていないから、またどこかの機会に達成感を味わえるものに出会えるようにしながら積み上げていくという、そういう「次を目指す」もあると思いました。

大豆生田　「次に向けて」というのも、単純に次の発達へのステップアップと見てしまうと違う。今、こんなにワクワクしている姿があるから、さらなるワクワク感にどうつながるかな、といったレベルで見ないと、違ってしまうのではないかというお話ですね。

渡邉　「10の姿」を保育に活かすという意味では、本当に豊かな環境のなかで子ども一人ひとりが夢中になって遊ぶ、没頭するというような環境をどうつくっていくかを考えておかなければいけないと思います。

遊んでいれば「10の姿」が必ず出てくるわけではありません。樋田先生のお話のように「もう私たちはやっているわよね」というところで終わってしまっている園もあるかもしれません。もっと面白くなる、もっと知りたい、もっと納得したいという子どもたちの思いをどういうふうに実現していくか。そして、そこに保育者がどうつきあうかでは相当、専門性が問われる気がします。大人が答えを出してしまうほうが怖いところもあります。

今年、年長でキュウリを育てるグループがあったのですが、キュウリを植えていたら病気になって葉も白くなってしまった。根っこも全然育っていない。それで「どうしたらよい?」と子どもたちが悩んでいました。担任は内心、「新しいものを買ってくるべきかな」と思っていたそうです。ところが、グループの2人の女の子がずーっとそこにこだわる。小学校に行ったときにも図書室の司書の方が「何か質問ある?」と尋ねたら、その子たちが真っ先に手を挙げて「小学校にキュウリの病気が載っている図鑑はあるか」と聞くんです。すると、小学校に置いてあって感動する。そして図鑑を必死に読んできて、何とかしようとするのですが、結局うまくいかない。最終的には、農家を営む卒園生のお父さんに電話をし、そこにうかがいました。

そしてキュウリが育たないことはわかったが、農家で育てたトゲトゲのみずみずしいキュウリをその場で食べたときに、「キュウリってこんなにおいしい」と感動して帰ってきました。キュウリを育てるという活動をするなかで、子どものこだわりに付き合うことで、社会との接点ももちつつ、学びを深めていくプロセスになりました。マニュアル的に「じゃあ野菜を育てましょう」「はい、こうやってできておしまいね、一丁上がり」となったら学びにならないでしょう。

運動会の競技の事例もそうですが、子どもなりに葛藤があったり、一生懸命に考えたり思ったりすることを、次にどう活かしていくか。そこで保育者も一緒になって悩んだり葛藤したりする。そういうところで深まっていく学びの仕方というのが、「主体的で対話的で深い学び」につながっていくのかなと思います。

◆長い目で見た成長を示し、保育の視点を多様にする

無藤 「幼児期の終わりまでに育ってほしい姿」というのは、「姿」とされているのにも意味があって、それは具体的な様子ということです。具体的な様子とは、保育者から見える部分とか語れる部分、ということです。そのなかで「資質・能力」がどれぐらい育っているかを見やすくするための整理が「10の姿」と言えます。

「10の姿」を教育・保育にどう活かしていくか、使っていくかで言うと、それぞれの保育者が自分たちの保育や子どもの様子を捉えて語っていくことをもっとやっていこう。そのときの子どもの成長ぶりを見る手がかりとして「10の姿」があるので、これを適宜使って、しっかり成長しているかどうかを見ていったらどうかという提案とも言えるでしょう。

「10の姿」は、10個もあっていろいろと書いてあるように見えますが、実際の内容をよく読むと、相当に茫漠としたことが書いてあります。これはあえて意図的に、具体化していません。「自立心」でも「思考力」でも、年長の終わりはこれくらいの「思考力」、これくらいの「自立心」、とはよくわからないようになっています。そちらの方向に向かって育っているという程度であり、具体化していくのはそれぞれの保育者の仕事になります。

そうすると、「10の姿」は保育者が子どもたちの様子を見ていくときの視点になります。視点の中核にあるのは「資質・能力」ですが、「10の姿」は子どもの育ちを比較的長い目で見るときの視点を示しています。

たとえば「健康な心と体」は、「自分のやりたいことに向かって心と体を十分に働かせ、見通しをもって行動し、自ら健康で安全な生活をつくり出すようになる」とあります。幼い頃にはいきいきと元気に、進んで体を動かすというのも「健康な心と体」ですが、成長とともに、運動するときに体の動かし方が巧みになってきているとか、見通しをもって行動ができるようになってきたといった点を見ていくと、乳幼児期にかけての長い目での育ちが見えてきます。

また子どもが何か面白いことをしていたときに、それをもっと育ちとしてはっきりさせる筋道をつくるのが指導計画です。保育者は今の遊びが次の遊び、今週の遊びが来週の遊びへと流れ、発展していくための援助や環境を考えているはずです。

そのときに「10の姿」があると、いろいろな方向を考えることができます。たとえば「協同性」ということであれば、みんなで何をつくりたいかを聞き、それに対して援助する。「自立心」であればじっくり考えたり、より難しいことに挑戦するような活動を考える。「豊かな感性と表現」なら素材をたくさん用意するなど、「10の姿」を使いながら、さまざまな計画を検討する視点にもなるということです。

要するに、「10の姿」は非常に長い目での子どもの成長を捉え、目指していく視点を用意するとともに、保育者が教育を丁寧に行っていくときに、子どもの育ちや指導の方向を捉える視点を多様にするものでもあると言えます。

小学校に何を伝えて、どのように接続をしていくか

◆小学校との関係性

大豆生田　最後にお話したいのが、小学校との関わりについてです。

今後、「10の姿」を使って振り返りなどをしながら、それを小学校に説明し、小学校側もその子どもたちを受け入れていくときに、こちら側から小学校に向けてどのように発信をするか、また小学校との関係をどうつくっていくか。そのあたりはどうでしょうか。

田澤　先ほどの事例でもお話したように、本園は近隣の小学校との関係性がすごくよい状況です。ちょうど今週末に運動会を行いますが、小学校に連絡をしたら「小学校の校庭で練習をしていいよ」と声をかけてくださいました。去年も「小学校で造形展をやりたいと言う子どもたちがいるんですが」と話したところ、副校長先生が「学校へ見学においで」と校内を案内してくれました。

関係がよいことの理由は特に思いつかないのですが、小学校側の理解があって助かっています。日頃からこうした草の根の交流があると、子どものことを伝えたいと

大豆生田啓友さん

きや接続のときに「あ、そうだよね」という共通言語がもてるので、すごく有難いと思います。

桶田　保育所や私立幼稚園に比べると、公立幼稚園は小学校との連携がしやすいと思います。それでも地域や学校による差はあると思います。

ここ数年で小学校が園の情報を求めてくれるようになってきたと感じるのは、配慮の必要な子どもたちが増えて、「学級編成をどうすればよいだろう、そのための情報がほしい」というところでつながるようになってきた印象です。

毎年3月には各小学校が園との連絡の機会をつくってくれますが、「問題のある子はどの子ですか?」という連絡になってしまいがちなのが気になります。

今回、「10の姿」が示されたので、「この子はこういうところがとっても伸びてきています」と、子どものよいところをもっとつなげられるようになればと思っています。小学校の先生も「10の姿」が示されたことはわかっていますから、子どもの育ちのよいところをつなげる突破口にしていきたいと思います。

◆小学校との文化の違いを乗り越えるチャンス

渡邉　小学校との接続では、少なくとも、小学校のスタートカリキュラムが今のままでよいとは思いません。

入学式の1日目、2日目は、何々の使い方を知る、何々を覚える、挨拶の仕方を知

渡邉英則さん（右）
桶田ゆかりさん（左）

るなど、小学校が枠をつくり、そこに子どもが合わせるような活動ばかりです。それは小学校が主体的でなく、受け身の教育を行うということです。小学校がそういう子どもたちを幼稚園や保育所、認定こども園に求めるなら、それは小学校が変わらなければいけないということです。

横浜のスタートカリキュラムでいうと、生活科の先生たちが、4月当初のねらいを「学校が楽しくて友達いっぱい」と工夫するような学校も出てきています。そこでは「春を探しに行こう」「学校探検に行こう」ということで、グループで行動して話し合い、発表することが行われています。このような授業になると友達の名前は覚えるし、仲よくなっていくし、自分の意見も言うようになります。それは、園でやっていたことが4月から活かされているからです。

授業も40分とか45分とかいう話ではなく、短い場合は15分でもいいし、長い活動だったら2時間3時間とってもいい、というような時間の使い方が小学校で行われたら、学校は大きく変わると思います。

一方で、かたくなに昔のままのやり方を踏襲している小学校もたくさんあります。ある小学校では、校庭探検とか遊び方も教えていないから、入学して1か月は外で遊んではいけないとなっていて、子どもたちは20分休みの間ひたすら絵を描いたりして暇をつぶしています。友達関係も広がらず、同じ園から1人か2人しか入学していないような子どもは孤立して全然遊べません。

でも、生活科の公開授業をやっているような小学校では、朝8時半の時点で1年生でもドッジボールなどで遊んでいます。先生もそこに入ることで、先生と子どもの間で信頼関係が育まれています。

子どもとの信頼関係をどうつくるのかという1つをとってみても、幼稚園と小学校とでは文化が違います。その辺のところはどうなのかを小学校の先生方も考えてくれなかったら、接続はうまくいかないでしょう。小学校は、教科書文化で単元を教えるところですから変わるのは大変でしょうが、子どもたちと意見を交わしながら学んでいくような文化を取り入れて、遊びのなかで育つようなやり方を活かしてくれるといいなと思います。

先日、ある研究会で東京都の小学校の先生が話をされましたが、生活科の授業のなかで「砂場で遊ぼう」という活動がありました。生活科だからきちんとした目標もありますが、それを1コマ45分でやろうとするから、最初の10分は説明、最後の10分はまとめで、その間の25分でやることになったそうです。それで子どもたちが「先生、面白くない」と言い出し、見に来た先生たちも「あれで砂場遊びと言えますか?」という話になったそうです。

後日、その先生は悔しいから砂場遊びを3コマ続けて、水も使って遊べるようにと着替えも準備をさせてじっくり取り組んだところ、やはり子どもの見え方が全然違ったということでした。子どもが本当にいきいきしたときに、もてる力をどれだけ発揮するのかということを小学校の先生も感じたわけです。それは生活科や音楽、図画工作など、教科のなかで一人ひとりの表現を大事にするような活動のほうがわかりやすいと思いますが、子どもが本当に深く学んでいくというのはどういうことなのかを、幼保小で共通にしていきたい。そうした点を小学校の先生方と話し合えればよいと思います。

そういう意味では今がチャンスですが、現在はどちらかと言うと小学校に合わせて子どもを育てる流れになっています。小学校側はベテランの先生も多く、枠が強かったりすると、それに合わせること、たとえば「給食を20分で食べられるようにしてください」とか「ちゃんと座っていられるようにしてください」となりがちです。しかし子ども一人ひとりが本当にいきいきする授業を、どうつくっていくかを一緒に考え、接続を実現していくことが課題です。

横浜の場合は、本園の主任クラスの保育者が小学校の入学式の翌日に手遊びなどをしに行くなど、どんどん学校に足を運びます。そうして子どもたちも安心して授業を楽しむのですが、子どもを理解するという専門性が小学校のなかでも大事だと伝わっていくとよいと思います。今回の幼稚園教育要領の改訂などは、幼稚園側と小学校側とどちらの文化に寄るかが微妙ですが、幼稚園でやっていたような子ども一人ひとりの魅力みたいなものが小学校のなかでも活かされて、小学校もそういうことを大事にする芽が育っていくとよいなと思っています。

横浜では、すでに就学時健診のときに「すべての小学校でスタートカリキュラムを行います」と書かれたプリントを保護者全員に配布していますから、今後はきちんと取り組まざるを得ないと思います。

大豆生田　小学校が幼児教育で育った子どもたちを受け入れるときには、やはり葛藤は生じるということですが、逆に言うと幼児教育の側にとってはそこで対話ができるチャンス、連携を進めるチャンスでもあるということですね。ぜひそのムーブメントを広げていただけたらよいかなと思います。

◆子どもの側に立った学びのスタートを

無藤　小学校との接続は、実際にはなかなか難しい面も多いと思います。**小学校の学習指導要領**[※6]の総則にも接続について書かれましたが、説明期間である29年度、小学校の先生方に説明をしても、わかるようなわからないような印象です。「10の姿」を読むだけでは、なかなか理解が難しいでしょう。

たとえば今日、挙げていただいた実践事例にあったような、子どもたちがいろいろと工夫し、協力して遊びを通して学んでいる様子を、小学校にも細かく伝えるということを丁寧にやらなければいけない気がします。本当は小学校の生活科でも同じように子どもの様子を丁寧に捉える作業をしていくべきですが、生活科ではなかなかそこまでできません。実際に保育を見てもらう、といったことも必要でしょう。

※6　平成29年3月改訂告示。第1章総則の「4　学校段階等間の接続」で、「幼児期の終わりまでに育ってほしい姿を踏まえた指導を工夫すること」や、「特に、小学校入学当初においては、幼児期において自発的な活動としての遊びを通して育まれてきたことが、各教科等における学習に円滑に接続されるよう」指導計画の作成を行うことなどが記載されている。

小学校の先生方は、最初の段階で生活規律とか学習規律をきちっとつくっておかないと先が心配で、むやみに細かい規律がたくさんあります。たとえば、発言するときは立って行うなど、それらは1年間かけてやっていけばよいと思いますが、4月中に訓練しないといけない、心配だと思ってしまう状況があります。

そういう生活上のさまざまなやり方を、子どもが幼稚園、保育所でやってきたやり方でやろうとすると先生に怒られる。怒鳴られるわけではないが、注意されてしまう。1日に5回も10回も注意される。できるようになるとそれはそれで意味がありますが、そうした規律は全部小学校の都合で決めているもので、子どもの身になってみると相当に理不尽です。

最近、私がよく話す例は靴箱です。小学校の活動は自治体によってさまざまですが、靴箱の使い方は割と統一されています。靴はかかとを手前に向けて靴箱に入れる。そのとき靴箱に線があり、それに合わせて入れるということになっています。どの小学校でもこの指導を最初にします。最初の1時間は靴箱に靴をしまう練習をします。それは一度できると便利です。自分の靴箱を間違えないし、外に出るときは瞬時に靴を出せるし、混乱しない。そういう意味では便利です。

幼稚園、保育所でも靴箱はあるでしょうが、そこまで細かく指導はしないので、極端に言うと靴を放り込んでもいい。小学校ではその種の違いがいろいろありますが、やっぱり数が多すぎます。もう少し1つずつ説明してあげられないかと感じます。

靴箱ならば、「帰るときにどうしたら一番便利かな」といった話をすれば、子どもでも「あ、靴のかかとが手前にあるほうがよいかな」とわかります。それを数回やれば十分です。わけもわからずにルールだけをやたら覚え込むより、ずっとよい。スタートカリキュラムもその辺の子どもの視点を考えてできるとよいと思います。

もう1つ渡邉先生が言われたように、子どものいきいきとした姿とか、力を発揮している様子とか、いろいろと考えたり工夫したりという様子を小学校の先生はあまり知りません。幼児や小学校1年生がそんな様子を示すと思っていない。

「幼児も夢中になっている」と言うと「いや、それは遊びだから」となる。その辺の考え方を変えていかないといけないのですが、どうしたらよいか。難しいですね（笑）。

◆幼保と小学校の先生が一緒に学ぶ

渡邉　ある幼保小の研究会で、小学校の先生にカメラを渡して保育所で写真を撮るという活動をしたそうです。そのなかのベストショットを選んで発表してもらいながら、「10の姿」がどこに映っているかをみんなで話し合ったら、小学校の先生方が非常に面白がったということです。みんな「こうやって子どもを見たことがなかったです」と言って盛り上がったという話を、市の方から聞きました。

「10の姿」はそうやって見たら、わかってもらえるんです。写真を振り返りながら「あ、こういうことが育っている」「こうやって子どもを見るんだ」ということを小学校の先生方が体験したというのが、私にはすごく新鮮でした。

無藤　小学校で**授業研究**[※7]をする場合、1時間の授業について最初に授業案があって、それを視点にして見ます。だから、小学校の教員は枠なしで子どもを見るということがありません。「10の姿」はボトムアップというか、いろいろ子どもがやったものをパラパラと見て、面白いと思ったものをピックアップして考えてみると「ここにこの姿があるよね」と使うことができます。

田澤　保育者も、そういうことをやるべきだと思います。

大豆生田　地域の幼保小の勉強会で、子どもの姿を見ながら一緒に話し合えばよいのではないでしょうか。

無藤　たとえば、ある幼保の研究会では「1枚の写真から」というのをやっています。なんでもよいけれど、保育者数名で1枚の写真を見ながらあれこれ考えて、それを「10の姿」にあてはめてみるという活動です。すべての小学校の先生が保育の現場に一緒に行くのは難しいので、写真を使うのもよいかもしれません。

　小学校の先生は、田澤先生の事例のように、幼稚園の子どもたちがアイドルをまねて踊っていると言うと「最近は幼稚園の子もアイドルをやるんだな」「リアルだな、やっぱりAKBかな」と思うだけで、それが「育ち」と思わない。「幼稚園は楽しくてよいですね」となってしまう。そこに抽象化というか、子どもの育ちを見い出す視点を伝えていくことは、非常に重要だと思います。

※7　小・中学校、高等学校等の教員が、他の教員や研究者などに対して公開授業を行い、意見を出しあうなど授業のあり方について研究すること。

Part 3

0、1、2歳児保育のこれから

座談会「0、1、2歳児保育のこれから」

新保育所保育指針と0、1、2歳児保育の実践

序・大豆生田啓友

この章で取り上げるテーマは、0、1、2歳児の保育です。

今回、新しくなった保育所保育指針、認定こども園教育・保育要領では、0、1、2歳児の保育内容について、その記載が充実しました。その背景には、感情をコントロールする力や意欲をもって粘り強く取り組む力など、いわゆる「非認知能力」の基礎がこの時期から育つとわかってきたことがあります。

また新しい保育所保育指針では、0、1、2歳という幼い時期こそ、一人ひとりが温かく受け止められて、安心して自分を出せるような環境や人との関わり、**「養護と教育の一体的な展開」**[※1]が重要であることも、あらためて強調されています。

さらには、保育所が幼児教育施設として位置付けられ、求められる役割が拡大するなかで、職員のいっそうの資質向上も求められています。各施設では、こうした指針の論点を実際の保育とどうつなげ、質の向上を図っていけばよいのでしょうか。

それを具体的に考えるべく、0、1、2歳児保育を担う先生方に日頃の取り組みを挙げていただきながら、議論を行いました。汐見先生のコメントとともに、各施設での保育の充実を考えるきっかけにしていただければ幸いです。

※1　保育所保育指針の第1章総則の「2養護に関する基本的事項」の「(1) 養護の理念」のなかの文言。「保育所における保育は、養護及び教育を一体的に行うことをその特性とするものである。」

[座談会参加者] 写真右より

・汐見稔幸／コメンテーター
・風間秀子／社会福祉法人勇樹会保育部参与（新潟県新潟市）・元新潟市指導保育士
・村田晴恵／東京都公立保育園保育士
・北野久美／あけぼの愛育保育園園長（福岡県北九州市）・北九州市保育士会会長
・大豆生田啓友／司会

0、1、2歳児の「学び」を支援していく保育とは

◆「お散歩」で実現する豊かな経験や学び

大豆生田　保育所保育指針では、0歳児の保育について「健やかに伸び伸びと育つ」「身近な人と気持ちが通じ合う」「身近なものと関わり感性が育つ」という3つの視点が示されました（25ページ）。また1、2歳児は5領域を基礎として、この時期に即した保育内容が書かれています。これは0、1、2歳が、3歳以降につながっていく「学び」のスタートの時期にあるということだと思います。

それではこの時期の「学び」というのは、どういうもので、保育者はそれをどう支えていけばよいのでしょうか。具体的なシーンをもとに考えていきたいと思います。

たとえば、0、1、2歳児だと、保育のなかで「お散歩」が占める比率が高いと思います。お散歩のなかで子どもたちが夢中になるような経験が含まれている園もあれば、どこかの公園に行ってなんとなく時間をつぶすというケースもあります。園によってお散歩はずいぶん違うと思いますが、子どもが具体的な経験から学んでいくとすれば、お散歩をどのようにしているかも、とても大事ではないかと思います。

村田　私は現在1歳児の担任をしていますが、子どもたちに絵本を大好きになってもらう活動に力を入れています。そのなかで出会った1冊に『**まるまる**』※2という絵本があります。この本は「まるまる　おおまる」「まるまる　こまる」などと、繰り返しのフレーズと表情が出てきて、子どもたちの大好きな要素が詰まっているしかけ絵本です。

この絵本を楽しんだ後に、「○○はどこかな?」と問いかけて、身の周りにある○○を探すという遊びが盛り上がったので、「○○探しのお散歩」に出かけたこともあります。すると、子どもたちは帽子と同じオレンジ色で縁取られたマンホールを地面に見つけたり、道路の角に設置されているカーブミラーも同じ色だと発見したりと、身近な世界にある○○を見つけてとても楽しんでいました。

「○○探し」の後に、子どもたちが好きになったのが『**せんろはつづく**』※3という絵本でした。この絵本のなかには「ここに山があった。どうする?」「ここに川があった。どうする?」と問いかけが出てきます。今度はその問いかけのフレーズを楽しむ形で、お散歩の道で車が止まっていたりすると、「車が止まっている。どうする?」と投げかけると、子どもたちが絵本のなかの世界に入ってきて、「どうする?」と言いながら「じゃあ、回り道していこう」と、絵本にあるフレーズを楽しんで答えていました。道の途中にたまたま植木屋さんがいて、近くのお庭の手入れをするのにはしごがかかっていたりしたときは、「はしごがあった。どうする?」「じゃあ、ちょっと触っ

※2　『まるまる』（中辻悦子・福音館書店）

※3　『せんろはつづく』（竹下文子／文、鈴木まもる／絵・金の星社）

村田晴恵さん

○○《まるまる》探しのお散歩

『まるまる』の絵本から、身の周りの「まる」探しを楽しむ子どもたち。
自分の服に水玉模様の「まる」があるかな？　友だちの服にあるかな？
その世界を散歩という外の世界にも広げていきました。

▶地面のマンホールを見つけ、「あった！」と友だちと足で踏んでいます。

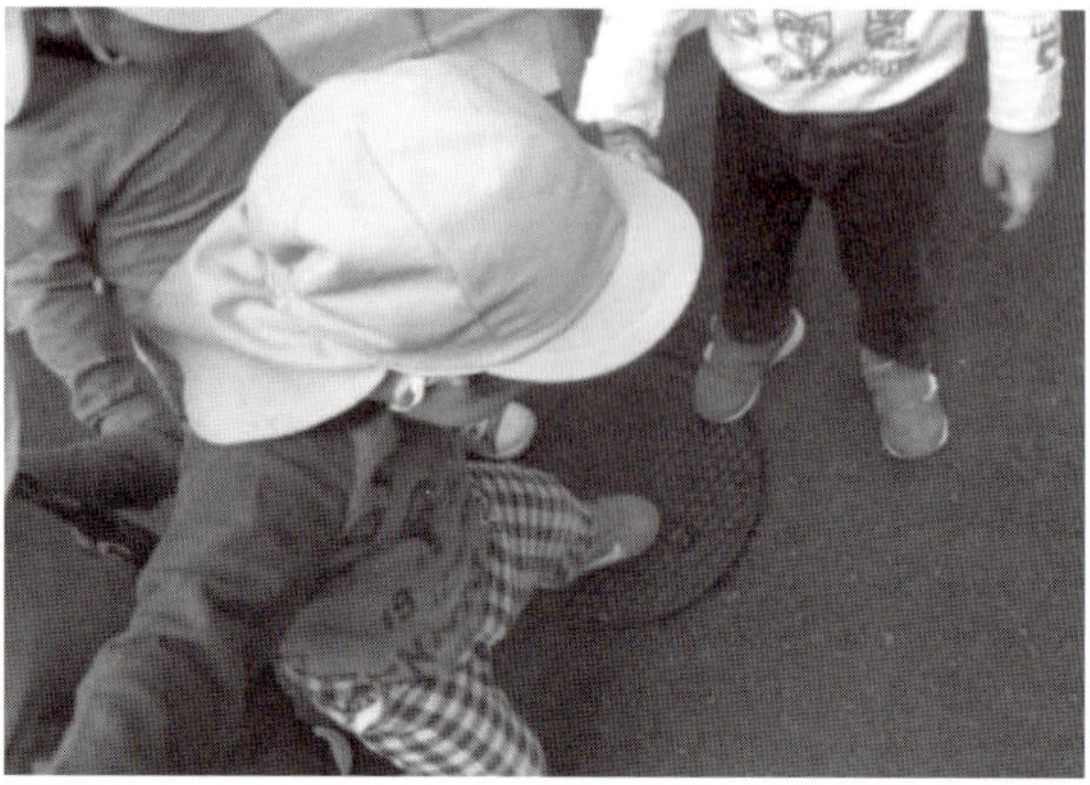

◀「こっちにもあった！」この「まる」にはオレンジ色の縁があり、自分たちがかぶっている帽子の色と同じことに気付き、特別な「まる」になりました。

▶「まる」が空中にあることに気がつきました。まるいミラーのなかに自分たちの姿を見つけ、「まるのなかにみんなが映ってる！」。立ち止まって自分の姿に手を振る子もいます。

ていこう」と言って、軽くタッチしながら通り抜けていくときもありました。

お散歩というのは、「手をつなぎましょう」とか「この距離は歩いてほしい」とか、目的をもって行かせたいという先生もいて、私はそれも否定はしません。しかし、私自身は絵本の世界を追体験しながら楽しくお散歩するのが好きなので、こうした取り組みをしています。

それからお散歩に行きたい人と、行きたくない人は、子どもの気持ちを優先して決めたいと思っています。1歳児クラスが半年を過ぎた頃「今日はお散歩に行く人と、こういう遊びをする人がいるけど、どうする?」という選択肢を示して聞くようにしています。お散歩に行きたくない子どもの気持ちも大事だし、お散歩に行きたくて、それを楽しめる子どもたちの気持ちも大事なので、その辺はクラス担任や職員と計画しています。

風間　私のところは、新潟市内を中心に11施設を運営する私立保育所です。保育者はもちろん、園長、主任も30代から40代などの若い人が多いため、園長が要となって保育の質を上げていくために目下、努力をしているところです。
法人としての目標には、保育所保育指針をベースに次の4つを掲げています。①一人ひとりを大切にする保育(気持ちに寄り添う)、②環境を通して主体的に行う保育(遊びの重要性)、③3歳未満児保育の充実（愛着関係・担当制)、④保護者支援（聞き上手・受容)、です。

「お散歩」というところでは、園長、主任たちと話をしてみると、園によりさまざまな課題があります。

まず、お散歩そのものをどう捉えているかも、園や保育者による違いがあります。園長たちの話では「ただ行っているだけ」と課題を挙げているところもありますし、最近は地方の子どもたちもほとんど車の送迎で、歩かない生活をしている子が多いので、散歩を通じて「今日はどこどこの公園に行こうね」とか、月齢に合わせて少しずつ歩く距離を伸ばしていく、という目的も入れて散歩をする保育者もいます。

また、保育者によっては子どもたちの年齢発達により、道端の石ころや水たまり、木の棒、花などを見ながら、ゆっくりと会話を楽しみながら歩くというお散歩もあります。

私たちのところのような地方の保育所ではまだ田んぼ道があって、子どもたちが手を離して自由に歩ける部分と、ここは幹線道路だからしっかり手をつながないといけない場所があります。車が来ないという場所では、手を離して子どもが自由にどんどん走っていくこともできます。そうすると、子どもたちは伸び伸びと走り回って、小川では棒で突いて何かを見つけたり、虫探しをするという自然との関わりの経験につながるケースもあります。

私は0、1、2歳児の学びや育ちということでは、子どもたちにとっては道端で出会うものが何でも発見なので、踏まれてつぶれた虫も「この虫つぶれちゃって痛いよね」

風間秀子さん

といった子どもたちの言葉を大事にしていくのもいいのかな、と思っています。散歩の道々で出会ったいろいろな発見とか気付きを一緒に面白がって話しているとこんなところまで歩いていた、というようなことも起こります。

大豆生田　確かにそうです。そういうお散歩での発見をまた園のなかにもち帰ったりすると、子どもたちの興味関心が広がっていきますね。そこに「学びの芽」というか、身の周りのものや面白いことに対して敏感になっていくきっかけがあるように思います。

風間　それには保育者との関わり、対話、会話も大事ですね。お散歩の途中で子どもから何か言葉が出たときに、「そうだね」と保育者が受け止めていくと、子どもに「この先生には何を言ってもよい、何でも受け止めてもらえるんだ」ということが伝わります。

そのために、0歳のときから保育者が丁寧に応答的に対応していくことです。大人からすればなんでもないことも、子どもにとっては素晴らしい発見ですから、「すごいね」「そうだね」「動いているね」「生きているんだね」といった言葉が、常に子どもとの関わりのなかで積み重なっていくことが大切です。

そうすると成長していったときにも、先生にいろいろな話ができ、いろいろなことを考えられる自由な気持ちを育てていけるのかなという気がしています。

◆「社会生活との関わり」もお散歩の要素

北野　私は園の防災、減災にも積極的に取り組んでいます。もともと北九州は地震が少ない地域ですが、先日の熊本地震のように、今は全国どこでも被災地に成り得る時代です。「いざというときにどうやって子どもたちを守るのか」ということを、園内研修などを通じてかなり具体的に考えています。

そこから、お散歩というテーマで言うと、私のなかでは「社会へのデビュー」という意味合いも大きいと思っています。つまり地域やその周辺の方々に「あそこの保育所にはこんな子どもたちがいるんだね」「ああいう赤ちゃんがいるんだね」と知ってもらうチャンスだということです。先生たちが散歩車を押して行ったり、よちよち歩きの子どもが歩いて行ったりする姿を見てほほえましいのと同時に、「ああいう小さい子がいる」と理解していただく。

保育所保育指針にも「災害への備え」ということで、備品の適切な配置や保管、防災マニュアルの作成、地域の関係機関等との連携などが書かれていましたが、ふだんから地域付き合いをしていない園にとって、それは絵に描いた餅に過ぎません。

そこで本園では、夜勤の方がいらっしゃるお宅などを、**全体的な計画**※4（保育課程）で地域の情報として網羅しています。ここには介護の必要なお年寄りがいる。ここには看護師さんが住んでいて、3交替の勤務がありそうだ。そういうお宅の近くを通る

北野久美さん

※4　保育所保育指針の第1章総則の「3保育の計画及び評価」に記述がある。従来、保育課程と呼ばれていたものが、今回の改定から「全体的な計画」という表現に変更された。幼稚園教育要領、認定こども園教育・保育要領でも同じように従来の教育課程を「全体的な計画」という言葉で表している。

ときは散歩のときも「ここは静かに」と通ったりします。実際は周りの音のほうが大きいので散歩の子どもたちの出す声や歩く音は関係ないのですが、「ここは静かにだよね。おばあちゃまが寝ているかもしれないよ」と話したり、あるいは外に出ているお年寄りがいれば、「こんにちは!」と挨拶をしたりする。そういうことの一つひとつが社会性の第一歩だと思いますし、配慮している姿を垣間見ていただけると、地域との関係性もよくなります。

散歩の2つ目の要素として安全があります。散歩の途中で「ここは止まらなければいけない」「ここは歩いてよいのだ」というルールを知る機会でもあるということです。でも1歳にはそんなルールはわからないので、そこはやはり保育者がモデルとなって、「車が通るからここは止まろう」とはっきりとした声で言いながら止まってみたりする。

さらに3つ目として、「これだけ歩けるようになったんだね」「ここまでの距離はこの子は大丈夫なんだね」という、その子どもの発達をのぞける一面もあります。こうしてみるとお散歩はいろいろな視点で見ることができるので、保育の中身を考えるのにすごくよい材料だなと思います。

大豆生田　今回、「10の姿」の1つに「社会生活との関わり」も挙げられています。0、1、2歳児は、かならずしもそれが前面に出ているわけではありませんが、幼いときからの「地域デビュー」も確かに重要です。今、保育所が迷惑施設のように言われることがありますが、そうして外に出向いていくことで、地域から「保育所の子どもたちはかわいい」と言ってもらえる機会にもなるということがあります。

そういう意味で言うと、お散歩1つとっても風間先生が「4つの目標」で挙げられたように一人ひとりの大切さとか、環境による主体的な遊びとか、愛着関係、保護者支援といったことが、全部つながってくるような気がします。

◆散歩のなかで、どれだけ豊かな経験をできるか

汐見　今の散歩についての、みなさんのお話をホントに「そうだな」と思いながら聞いていました。今回の保育所保育指針では、0、1、2歳児のところを丁寧に保育をする、質を上げるということが示されました。それはこの時期に「学び」というものが積極的に起こっていて、それをどう保育者が感じ取って、共感して、学びに深めるような保育を行っていくかということが、人間の一生にとってとても大事だからです。

私は以前、保護者からの相談を受けて、ある保育所に行ったことがあります。

その園は園庭が小さいために、運動会は1キロほど離れたところにある森林公園で行っていました。なぜ森林公園かというと、子どもたちはお散歩でよくそこに遊びに行って、慣れているのでそこがよいと。ところが、園長が変わって1年が経ったときに「今年の運動会は園庭でやります」となった。保護者たちはびっくりしてあんなせまいところで運動会ができるわけないと抗議をしたけれど、なかなか埒があかないということで私が呼ばれ、園の職員と保護者で話をした後に意見を求められました。

そこで私が「なぜ園庭でやることに変えたんですか?」と尋ねると、園長が「異動してきて子どもたちの様子を見て、そのほうがよいと判断したのです」と返答されました。「具体的にどういうことですか?」と聞くと、「練習をするために森林公園に行くのが今はとても難しい。なぜなら、子どもたちがそこまで歩けなくなったから」と言うのです。園長は「小さな子どもたちは途中で『疲れた』『もういいよ』となって練習にならない。最近の子どもは家でも体を使ってないですよね」と、まるでこうなったのは親御さん、あなたたちのせいですよと言わんばかりの様子でした。

それで私が先生方に「本当に歩けなくなったんですか?」と聞くと、「確かに連れていくのが今は大変なんです」という答え。「うーん、そんなに急に変わりますかねぇ」といって「ちょっと失礼ですが、散歩コースが変わったということはないですか?」と聞くと、「あ、全然変わりました。きれいな道路がつくられて、その横にハウジングギャラリーができて、そのなかを通るとラクに行けるんです」と。

「今まではそういう道路はなかったんですか?」と聞くと、「前はそういう車の通る道ではなく、散歩バッグをもってあっち行ったりこっち行ったり、というコースがいくつかあって、そうした道を使っていました」と。「今はそのほうが大変だから、こっちを行かせています」と言われるのです。それで、理由ははっきりしました。

私は「子どもは森林公園に行くために歩こうなんてことはないと思うんです。散歩バッグをもって、ここにはいつも犬がいて、ここには柿をくれるおばあちゃんがいて、

汐見稔幸さん

毎日歩いているうちに柿がだんだん赤くなるとか、ここには水たまりがあっておたまじゃくしがいてとか、そういう途中のプロセスがいろいろな発見の連続で、それらがうれしくていつの間にか行ってしまう。子どもはいろいろなものを発見したり、学んだり、それをみんなで確認したり、あるいは地域のおばあちゃんと会うのがうれしくて、生きるってこういうことなんだと学べるから散歩に行くのです。それが楽しいしうれしいからどんどん歩いてしまう。ハウジングギャラリーは大人は興味があるかもしれませんが、子どもにとっては大して興味がないし、どんどん歩かされるようになって、それで続かなくなってしまったのではないでしょうか。もう1回、散歩コースを元に戻してみたらどうですか」と話をしました。

日本の保育のなかで、お散歩というのは大切な意味を与えられてきた保育メニューです。園庭や保育室のなかの環境もとても大事ですが、それではやはり限られてしまう。その点、散歩に出て地域の文化や人、季節によって変わっていく風景、あるいは職人さんがいる、大工さんがいるとか、そういう人たちと出会うということは、子どもたちにとってはワクワクする体験で、それは園のなかにはありません。

そういう地域で子どもたちが学ぶ、赤ちゃんのときから学ぶということに保育者たちが気付いてやってきたということは、日本の保育のすごいところだと思います。

今は交通事情が変わって危ないからと散歩が限られる施設もあるかもしれませんが、なんとか面白そうな場所を見つけて、晴れたら散歩に出かけるというのをなるべくしてほしいですね。それが、落ち葉を拾って戻ってきたら製作に使ったり、絵本の新しい読み方につながったり、劇につながったり、いろんなことに展開していく。まさに環境による教育の典型だと思います。そのお散歩を、どこかに行くための手段にしてしまったら、子どもたちは全然楽しくありません。

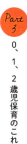

子どもが主体的に動ける環境構成とは

◆保育室の豊かな環境をどうつくるか

大豆生田　ここで少し話を変えましょう。

お散歩のほかに、部屋での生活も長い時間になりますから、保育室で過ごす時間もとても大切です。子どもたちがそこで本当に自分のやりたいことができたり、そこが安心できる場であったり、人や物との関わりが豊かであったり、ということをどのように実現していくのがよいのでしょうか。

村田　0、1歳児は複数担任です。担任の間でよく話す事柄は、子どもたちが「何が好きかな、何が楽しいかな」ということです。先ほどのお散歩で子どもたちと落ち葉を拾ってきて、部屋のなかでカサカサ感を楽しむのもいいよね、と遊んだこともあります。

連絡帳に保護者が「温泉に行きました」と書いていたりすると、「温泉は入れないけど、足湯は楽しいかもね」とやってみたこともあります。

ほかに指を口のなかに入れてチュッチュしている子どもたちは、吸った指をどうするかというと、自分の服や私の服で拭いて汚れるのを楽しんでいるので、そういうのが楽しいなら机一面に紙を敷いてスタンプをするのも楽しいかなと挑戦したり。物を箱からどんどん出して落とすのが楽しいなら、じゃあそういう場所をつくってみようよと、ストローをいろいろなところから落とせるようにしたりもしました。

保育者が棚のなかにしまっておく遊び道具は、そのときの流行りで変えたりしますが、子どもたちが見つけてきたもの、やりたいものは、できるだけ自由に触れられるようにしています。ブロックも床に置くだけでなく壁につけても楽しいかなと考えたり、いつも職員同士でアイデアの交換をしています。子どもたちにとって保育室が退屈でない場所であってほしい、というのが願いです。

大豆生田　子どもたちが興味をもっているものや、面白がるだろうというものをどんどん出していくということですね。先生たちとも話し合いながら環境を構成するというか、「これ面白いね」ということをあまり形にこだわらずにどんどん試していく。だから子どもたちがいつもワクワクしながら、夢中になって遊ぶということですね。

風間先生は保育室や園庭の環境も大事にされているとうかがいましたが。

◆ハサミなどの道具も遊びを広げるツール

風間　保育室などの環境を充実させるには、やはり子どもが今、何に興味をもっていて、何が大好きなのかなということを、保育者がキャッチする能力がないとダメだと思います。

私たちの法人は、環境を通して主体的に行う保育という目標を掲げていますが、最近になってようやく保育室の環境もできてきた気がします。2歳児ではおままごとなどのコーナーもありますし、1歳児では発達を見ながら手づくりおもちゃをつくったりと、少しずつ充実してきました。しかし、子どもたちの姿を見て、「遊び込んでいるかな?」「発展しているかな?」などの視点が課題です。また、それに伴って園庭もいろいろな体の動かし方ができる、少し怖いけど子どもたちが挑戦してみようと思える森をイメージした自然の環境を目指して改造しました。今も子どもたちの遊びが固定化しないように、しっかりと子どもたちの遊びを見て聞いて、職員同士で話し合いながら工夫をしています。ときには近所の大工さんから余った木片を、保護者からは不要になった台所用品をいただいたりしてごっこ遊びに使ったり、古タイヤをとび箱代わりにしたり……と、改造は常に進行中です。

あと保育室の環境ということでは、3歳児が最初に経験する行事に母の日・父の日やこいのぼり、七夕などがあります。そして、その行事のために初めて絵の具やハサミを使わせるのですが、たとえばハサミなどは危ないからと、行事が終わると棚にしまってしまうという例が多かったと思います。

今の主体性を大事にしようと考えると、、1、2歳児の小グループのとき、たとえば3対1とか、4対1、5対1、6対1というときにハサミを経験させるほうが、子ども

遊びが広がる環境構成

▶「つまむ、通す、ひねる」などの機能が育つように手や指を使う遊びを。「なんでも自分で！」と主張（意欲）する時期を大切に、自我の育ちを支援しようと「ボタンかけ」や「スナップはめ」を用意します。「お絵かき」「おままごと」などの見立て遊びが展開するように……。環境づくりに保育者たちは試行錯誤の連続です。

◀1歳児の手づくりおもちゃ。上手に使えるようになった手指でいろいろな素材を穴にポトン。「入った！」と言っては、満足げに保育者の顔を見ます。

▶「カレーつくって」、「ご飯炊けたよ～」、「は～い」。小さいお友だちのところにお兄さんが仲間入りして遊ぶ姿。一緒に笑ったり、楽しんだりすることで「教えてもらう」「優しくしてもらう」「喜んでもらう」「我慢する」など、人との関わりをたくさん学んでいきます。

の遊びの幅が広がると私は思います。先生がスーパーのチラシを切りながら、「ほら、リンゴだよ、お弁当だよ」と見せたりして「そのハサミ、ぼくも使いたい」と興味をもって寄ってきた子がいたときに、自然な形でハサミを触らせて、そこで教えれば、3歳児で危険だとか、髪を切ってしまうといったおかしな使い方にはならないと思います。

3歳になって、20対1のときに全員一緒にハサミやセロテープ、のりの使い方を教えるなんて、とても先生1人ではできません。でも小グループで子どもが「やりたい」というときに「じゃ、ここを押さえて切るんだよ」と丁寧にやっていけば、3歳児になったときに先生たちは何もしなくても、子どもたちはハサミも使えるし、のりも使える。それでやりたい遊びに没頭していけるのだから、やらせなさいと話しています。

もちろんそこでは、子どもが何をしたいというのを聞き取れる、キャッチする保育者の感性が必要です。そこがわからないと「今日は何々するよ」と言ってやらせて、保育者の満足で終わってしまう。そこに保育の差が出てきます。

つまり教えられているのではなくて、「やりたいからつかんでた」というふうな場面をたくさんつくるというのが大事です。そういうときは、「やったー」という感覚が全然違うわけですよね。最初はうまく紙を切れない。でも、頑張ってチョキッとできたときの瞬間は、達成感というか「やれた」という喜びで子どもの笑顔が違います。

そういうのは小グループではできますが、20対1だと「はい、手はおひざ」みたいに指示的な展開になります。経験の少ない先生は3歳児に教えるときに、紙に線を描いて「まずここを切りましょう」と促したりしますが、それは結局、子どもは先生の指示に従っているだけで、遊びではありません。やっぱり子ども自身が「面白いな」「楽しいね」と思うようなものを提供しないと。

大豆生田　ハサミでいえば、ともすると危険なものだから、大きい年齢で、一斉にという話になりがちですが、保育所保育指針では「子どもの主体性」「生活のなかで」と書かれているので、そういうやり方もあるわけですね。しかも本人の興味関心に沿ってやることだから、「できた！」という達成感、まさに非認知能力の育ちがふだんの生活になかにあるということですね。

◆環境構成の見直しの視点と安全チェック

北野　私が念頭に置いているのは、環境構成を固定化していないか、ということです。つまり、保育者たちはすごく工夫して、子どもの思いをキャッチしてコーナーを上手につくっていて、ぱっと見はすごくよくできています。「よい環境だな、なるほどね、工夫したね、レースいっぱい買ってよかったね」といったような……。

けれども、そうした素敵な環境をつくった本人からは子どもの視点として見えなくなっている部分もある。だから私は園内研修で、3、4、5歳以上児の保育者に、0歳児のクラスの環境を「全部バラバラにしてきて」と頼むことがあります。つまりいったん環境をバラバラに崩して「あなただったらどうする」という視点で、違う保育者がもう1回組み直すのです。

そうすると、0歳児のそれぞれの担任に「はっ」とする発見があります。一方で「でもですね先生、ここにこれを置くと子どもの動きが止まります」とか「こうあると私たちから死角になります」とか、「これだと、子どもたちがお手洗いに自分で行こうとしたときに誘惑（!?）が多いです」とか、それぞれの担任がそれぞれの主張を出してきます。それでもやはり気付かなかったことや、一見雑然としているかもしれないけれど、この場に立ったらとってもよいコーナーだということも結構あるので、それを年に3回ぐらい、年中行事としてやっています。

これは実際に行動してみるのがポイントです。意識はなかなか変わらないけれど、行動はすぐに変えられますから、「今から5分以内に崩してきて」とか、短時間でやっています。

それで環境を見直して2～3日が経過すると、「先生、私たち0歳児の担任は気付かなかったけれど、3歳以上児の先生たちが3歳児ではこれを身に付けてるよというようなことから逆引きすると、これはありでした」とか、2歳児の先生が「そうは言っても2歳には2歳のやり方がある」といった感じで、保育者間のやり取りも増えます。つまり常設チームと特設チームというか、それぞれのチームでのやり取りを面白がっています。

北野久美さん

それに加え、環境構成ではやはり安全のこともありますね。

「ぱっと見はこれはよいけれど実は死角になっている」というのもありますし、「ちょっと待って、ソファーがあってここにこのおもちゃを乗せるとベビーベッドにつかまれるよ」など、子どもの動きによる安全も見過ごせません。

うちの職員も手づくりおもちゃをよくつくってくれますが、たとえば、ペットボトルにキラキラの水を入れてグルーガンで留めて、さらに透明テープでも留めているけれども、「私だったらこの上にビニールテープを貼るな。なぜなら、子どもは舐めるから、はがれたときにわかりやすいものを貼っておく」というふうに、新人職員に伝えています。

見た目のよいものでも、本当にこれは子どもにとって適しているかな、荷重はどうかなとか、安全面を分析する研修もしています。

大豆生田　子どもが主体的にやりたいことができるような経験と環境づくりが大事、ということですね。特に保育の現場では、やりたいことができることと、トラブル防止や安全を同時に保障していくことが必要になります。

このとき安全管理が優先しすぎると、先生たちはいつもピリピリすることになってしまい、結局、子どもたちがずっと怒られていることになります。一方で北野先生がおっしゃるように「死角になっていいのか」といったチェックも必要です。

大豆生田啓友さん

◆子どもが学びたがっていることを提供するのが環境づくり

汐見　今のお話は、とても大事な論点だと思います。

今回の指針は、保育所保育指針と幼稚園教育要領、幼保連携型認定こども園教育・保育要領で、少なくとも3歳児以上の原理については、できるだけ同じようにしていこうという意図があります。その同じようにしていく中身をあらためて整理すると、保育のやり方はいろいろあるけれども、一斉保育がどうだ、自由保育がどうだということについては国はどうこう言わないが、現代の子どもの置かれている環境や育ちの状況、将来、こういう社会を生きていくという状況を総合すると、日本の保育は「環境による保育、環境による教育」にしていただきたい、というのが共通の原理になっています。

では、あらためて考えたときに「環境による保育」とか「環境による教育」とは、どういうことなのか。それをもっと研究していかなければいけません。

私は、環境構成には2種類あると思っています。1つは環境設定。コーナーに何を置くかとか、カーテンをどんな色にするかとか、そっちとこっちを入れ替えてみたらどうかとか、パーテーションを置いてみたらどうかとか、こういうおもちゃはここに置いておいたらよいのではないかとか、そういうことは環境設定です。

環境設定は、常にそれでよかったのかをみていかなければいけません。それは子どもたちの生活の場をつくることですから、とても大事なことです。

ただ1回設定したら、その枠のなかでやりなさい、というふうに考えてしまって、トラブルがちょっと多いといったときに、環境のせいとは考えられなくなって、「○○ちゃんはトラブルメーカーなのよね」などとなってしまうと、そういう保育はすごく滞ってしまいます。

園庭の環境づくりも同じで、冒険性のある環境をつくって「できた」となったら、それはもうそのままで、そこで頑張ってやるのを保育だとしてしまうと、それは環境設定だと思います。もちろん、それはそれで大事ですが、それをそのまま放ってあるというのは、その枠のなかでやってくださいという別の形の設定保育になってしまいます。

要するに、子どもたちと保育者が自由に環境をつくり直しながら、子どもたちがワクワクするような体験になるようにというのではなく、つくられた枠のなかで「頑張りなさい、何かあったら手伝ってあげるから」というのは、設定の枠のなかでやる設定保育です。「環境を通じた教育」とは、そういうことを言っているわけではありません。

さっき村田さんの話にもありましたが、子どもをよく観察していると、発達に応じてこういうことが楽しくて仕方がなくなってくる、というものがあります。

たとえば、カップをお皿にきっちり置く、といったことに興味が出てくるときがあります。つまりそういう行為を身に付けてきたから、それをどんどん使っていくと生活が楽しくなると学習したわけです。そうすると、それをもっと楽しくできるような遊びのツールができないか。きっちり置くのが面白いなら、きっちり置く遊び道具をつくろうとか、通すことが面白いなら、わっかに通すような紐を置いてあげるとどんどん遊んでいくとか、重たいものをもつことに興味をもったら、いろんな重さの袋をいっぱい置いておいて、それで遊ぶとか。

つまり子どもを観察しながら、今はこんなことを学びたがっているとか、身に付けたがっているということがわかったら、それを上手にもっと楽しい遊びにするようなツールとか、遊び道具とか、場所だとか、そういうものを提供してあげるということが実は環境づくりなのだと思います。

環境づくりというのは永遠に続くものであって、Aという保育所でうまくいったことが、Bという保育所でうまくいくとは限らないので、子どもと保育者、子どもと子どもが毎回提案していくものになります。子どものやりたいこと、学びたいことを感じ取る感性は保育者に一番求められているもので、感じたことを形にするような創作性、創意性、それを保育者の間で情報交換しながら学び合うことが大事です。

環境による教育というのは、環境構成をもちろん大事にするのだけれども、そこで子どもたちが生きている、生活をしているといろいろなことについて学びたがる場面が必ずあって、それを目ざとく見つけて、次の一歩ができるようなものを上手に用意してあげるということだと思います。

それは永遠に続くプロセスなので、それがうまくできるようになったときに、保育者もうれしくなってくる、「子どもってすごいな」と。

だからコーナーをつくれば終わりとか、そういうことではないんだということです。もちろんコーナーも大事で、動線とか、死角だとかも重要です。新しくつくったおもちゃなどは、子どもに提供する前にまず保育者が全員で厳しく吟味しなければならないでしょう。命にかかわることもありますから、ここはぐるぐる巻きにしてカバーしておこうとかも大事だけれども、それを踏まえたうえで、保育者も楽しいし子どもも楽しいというものをつくり出していくのが、環境による教育ではないかと思います。

このあたりは指針でももう少し、鮮明に定義したほうがいいかなと思いますが。

大豆生田　今までは単に環境を構成すればよいとか、そもそも、それ以前の実態もありました。子どもが自由に取り出して遊べるものを出していないことや、種類が少なく、同じものでずっと遊んでなさい、といった実態の施設もあるので、まず保育室にコーナーをつくりだしたことは素晴らしいと言えますね。

今後は、せっかく保育所保育指針が変わったのだから、豊かな環境構成を目指せるといいですね。環境が充実すると、子どもの遊びが豊かになり、保育者も次はどんな展開ができるだろうかとワクワクする姿が生まれてくるのだと思います。

「養護と教育の一体的展開」とはどのようなことか

◆子どものそのときの思いに丁寧に応じる

大豆生田　今度は、保育所保育指針のなかでも強調された「養護」の話をしたいと思います。０、１、２歳は泣いて登園する姿もよくみられます。それがその子の発達と関係していることもあるし、家庭環境もあるかもしれない。そうしたお子さんをたくさん預かっているのが保育所ですが、具体的にどういう対応をしているのでしょうか。

村田　１歳児で入園した後、お母さんと離れたことが悲しくて、３週間ずっとごはんを食べずに、断食していた女の子が２人いました。しかし、しばらく経って２人で並んで座っていたときに「お母さんと離れて悲しいけれど、あなたに会えたのはうれしい」という感じで、お互いにくすぐりっこをしていたところを写真に撮って、親御さんに見せたりしました。

ほかにも、１歳児クラスに途中入園してきたTくんという男の子がいました。ママと離れて心細いTくんのために、私はTくんの好きな電車の遊具を用意して、ずっと付き添っていましたが、何日かすると周りの子がTくんの電車を取ったり、意地悪をする姿が出てきました。私はみんなにTくんのことを紹介も説明もしていなかったことに気付き、その後すぐに「新しいお友達のTくんです」、「Tくんはママと離れてさびしいけれど、今とても頑張っているんだよ」と説明しました。するとほかの子たちがTくんも自分と同じだと理解して、Tくんが不安そうに「ママは？」と聞くと、背中をトントンして慰めるような姿が見られるようになりました。

子どもは言葉にはできませんが「今日こんなことがあった」とか「体調が悪い」とか、大人と同じようにいろいろなことがあるなかで保育所に来ています。お母さんと離れると、新入園児は泣きます。そうでない子も泣くことがありますが、私は保育所が試練の場というか、「ここへ来てお母さんと別れて、その後も辛いよー」という場所であってはほしくないので、そのあたりを毎日考えて、いつもその子が好きなもの、今興味があるものには応えられるような気持ちでいます。

だから子どもと会話をするときにも、この子は何が好きということを言葉にするようにしています。たとえば「そうだよね、○○ちゃんはゾウが好きなんだよね。だからこのおもちゃでいつも遊びたいと思うんだよね」とか、「○○ちゃんはオレンジ色が好きだから、いつもブロックはオレンジ色を集めて使うんだよね」「○○ちゃんはこの本とこの本が好きだから、いっぱい持ちたくなるんだよね」と言うようにすると、子どものほうも「私はこれが好きなんだ、あれが好きなんだ」と見せてくれるようになります。それを積み重ねていくと、「この人ちょっとわかってくれる人なのかもし

子どもたちの考えていること

●いつもなかよし！

▲ママと離れる時に泣いてしまった２人。でも日中はこんなに笑顔で過ごしています（１歳５か月）。

●水道の不思議発見

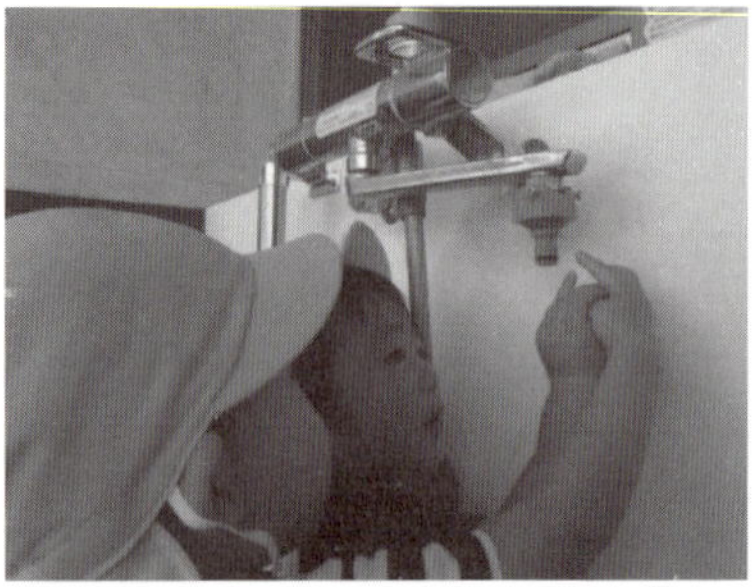

▲「お水出てこないかな？」と指先で蛇口に触れるとポタッと水滴が。「出てきたね！」と１滴の水に目を輝かせています。

●水遊び

▲水を柄杓ですくって、別の容器に入れることを楽しんでいます。

▲手のひらについた水が、手を上げることで下にツーッと伝わってくる感触を楽しんでいます。

●靴並べ

▶たくさんある職員の靴を「並べてあげるね」とお手伝い気分で並べています。

れない」「自分を知ってくれているみたい」となって、登園前に家庭で多少トラブルがあっても「この人がいるなら、どうにかここで過ごせるかな」と思ってもらえる。そういう関係性が築けるように気をつけています。

大豆生田　今の話をうかがうと、やはりその子がどんな思いでいるんだろうか、何が好きなんだろうか、ということに丁寧に応じていくことが基本だということ。0、1、2歳はまだわからないからではなくて、周りの人にも「この子はこれが大好きだよ」と知ってもらうと、楽しいことが起こっていくわけですよね。丁寧に受け止めながら、同時に世界が広がるというか、「養護と教育が一体」とはこういうことですよね。

◆子どもの「今」にとことん付き合う覚悟

風間　私が園回りをしているときに、クラスだよりを見せてもらったことがあります。そのとき、ある保育者が新入の0歳児の担任になり、年度初めはおうちの人と離れたということで、毎日毎日ある子どもが泣く。自分も本当に泣きたいぐらいだったが、「私はこの子が泣くのにずっと付き合ってやろうと思った」と書いていました。

まだ2年目くらいの保育者で、最初は投げ出しそうになるくらい「いつまでも泣くの」という思いがあったけれども、途中で腹をくくって「よし、この子が泣き止むまでとことん付き合おう」となったときに、あるときふと「あれ、この子泣かなくなった」と思ったんだそうです。それで「この子が毎日泣くことに精いっぱいずっと

大豆生田啓友さん

付き合ったことが、子どもに安定をもたらしたのかな」と書いていて、素晴らしい保育者だなと感動を受けたことがあります。

だから若い先生たちには「今はスキルも何もないけれど、愛情をかけることはできるんだよ」と話しています。「技術や理論なんて後でついてくる。まだまだいろいろなことが未熟だけれど、子どもを愛することは誰にでもできることなんだから、まずはそこを頑張りなさい」と。だから保育者には、子どもにとことん付き合う力、耐える力が必要だなと思います。

それから私が現場にいたときに、ある保育所で障害のあるお子さんがいました。前園では、親御さんも非常に辛い思いをしたようでしたが、そのお子さんをうちでは職員も子どももみんなで受け入れました。できないことがあっても、みんな自分が世話をするという感じで、ものすごくやさしかったです。

運動会のときも、その子がリレーで走ったときに、トラックを回らずに直線で走って早めについてしまったのですが、チームの子たちは誰も責めたりせず、みんなが満面の笑みで拍手をして健闘をたたえました。本人ももちろん大満足です。それで私たちも「子どもに教えられたね。こうやって温かくみてあげることで、子どもは伸びるんだね」と話したのです。「私たちが何かを教え込もうとか、させようなんていうのは、おこがましいよね。子どもはみんなが温かくみるなかで、自分から伸びていくんだよね。自分が楽しければ、いろんなことができるようになるんだよね」と。

風間秀子さん

園内研修などでも「あなたのクラスが荒れていたり、子どもが言うことを聞かなかったりというのは、自分の保育を写す鏡だと思いなさい」と話します。子どもをどう育てるかというのがあまりにも強すぎると、むしろ子どものほうがかえって心が弱くなって、意欲とかやる気がなくなり、失敗したら先生にまた何か言われるんだろうか、みたいな萎縮が生まれてきて、生きる力や自尊感情が育たなくなります。

けれども「いいよ、いいよ」「えらかったね、頑張ったね」というなかで育てていくと、ちゃんと子どもは育ちます。何かを育てようということばかりに目がいってしまうと、むしろ育たない。やっぱり温かい目で見守るということが大事ですね。

◆共感してもらうことで、道徳的になっていく

汐見　今の日本で、特に0、1、2歳児の保育を全国で公平にみると、子どもが主体として扱われているというよりは、ちゃんと言って聞かせないとわがままになるという感じで扱われているな、と感じられるようなところがたくさんあります。

先日も第三者評価をしている方におうかがいしたのですが、ある園に行くと、0、1、2歳の子どもたちにひたすら小言を言っている園長がいました。「なんでそういうふうに言うんですか」と聞いたら、「この年齢のときにしっかりしつけておかないと、どんなわがままな子になるかわからないから、今が大事なんです」と。その園では、子どもは小さく萎縮しながら、先生の顔色を窺って生活しているのがすぐわかる。

汐見稔幸さん

ここには、「子どもが今、こんなことやりたがっている。それを支えてあげよう」ではなくて、「したいことをさせたら、わがままになるだけじゃないの」という、人間観があるような気がします。「この子は将来社会に出て生きていくんだから、したいことはいろいろあるだろうけれども、その通りにできるなら苦労しないわよ」「小さいときからしつけてあげたほうが子どものためなのよ」と。これはわかりやすい論理だと思います。

しかし保育の論理というのは、それとの戦いなのだとあらためて思いました。もう少し私たちも理論をきちんとつくらなくてはいけない。そこで考えたことが2つあって、それは「養護とは何か」ということと全く重なるのです。

1つ目は、佐伯胖さん（38ページ）が最近強調していますが、アメリカなどの研究では、赤ちゃんは0歳6か月くらいのときから、ある種の道徳的判断ができるんだということ。

意地悪をしているキャラクターと、サポートをしているキャラクターの両方を見せて、どちらに注意を向けるかを比べたら、サポートをしたキャラクターを長く注視していたということです。つまり、生後半年ぐらいの子どもが「あれはいけない子だ」「あれは嫌な子だ」と判断しているらしいというのです。自分の欲求を満たすために相手を攻撃してしまう攻撃性と、困ったときにサポートしてあげたいという共感性は、人間のなかに両方あるのだと思いますが、実はかなり共感性を強くもって生まれてきている。

人間のなかに共感性があるということは、人が困るだろうということが自分でもわかるということです。だから「先生に自分がやりたいことをどんどんさせてもらった」「先生が応援してくれた」という環境で、自分のやりたいことができるようになっていくと、やがて社会のなかで人と出会うようになったときに、自分で「こういうことをしたら人に迷惑かかるよね」とか「こうしたらまずい」とわかるようになる。共感能力の芽がもともとあって、自分が共感されて育ったから、その共感能力の先にある社会のルールも自分で守れるようになっていく。子どもがやりたいことを深く感じ取って、それをできるだけ形になるようにサポートしていけば、子どもは自分で道徳的に育っていくのだという、そういう人間観です。

だから小さいときほど、こちらが共感し、子どもの願っていることを感じ取っていかなければならない。そういう姿勢で接することを私たちは愛だとか、養護だと言ったりしているのだと思います。「こんな年齢でこんなことに興味もっているんだ、すごいね」とか、「この子は自分でやるより、ずーっと観察するほうが好きなんだね。個性があるよね。じゃあ、じっくり見ていいよ」というように子どもの願いを丁寧にサポートしてあげることが、将来的にその人間が道徳的になっていくバックになるのだということです。

◆子どもを「善くみる」ことも「養護」

汐見　もう1つは、佐伯さんの恩師に**村井実**※5先生という教育学者がいますが、この方がずっと言っておられて、私も本当にそうだと思っていることがあります。それは、人間の性格がよいとか悪いとかは社会が決めるものであって、本人が決めるものではないという、いわば当たり前のことの大事さです。子どもの行為に対して、ある人からは「なんであなたはそんないい加減なやり方をするの」とか、「なんであなたはそんなに時間がかかるの」とかネガティブに見ることもできるけれど、同じ行為に対して、「こんな忙しい時代なのにあの子はあれだけゆったりできるのは、ものすごく自分を大事にしているのね」とか、「丁寧に丁寧に仕事をしたいタイプだから、あんなに時間がかかるのかもしれないわね」「だとしたら、それはあの子のもち味になる可能性があるよね」と、別の角度から見ることもできる。こちらから見たら弱点に見えるものも、別の視点から見るとその子のもち味に見えてくる可能性がある。

保育では、同じ性格をできるだけあなたのよいところだよと「善《よ》くみる」ことが重要で、善くみられていけばいくほど、自分に自信が出てきて、もっと善くみられるようにならなきゃいけないなとなっていく。これは性善説でも性悪説でもなく、人間は善くみられることによって善くなっていくという「向善説」です。

子どもが何かトラブルを起こしても「悪意じゃないよ、あの子は興味があったから

※5　教育学者（1922〜）。慶応義塾大学名誉教授。広島大学教育学科を卒業後、同大学で文学博士を取得。慶応義塾大学文学部で教鞭をとるかたわら、欧米の大学、研究所で教育哲学、思想史の研究を行う。著書『村井実著作集』（全8巻・小学館）ほか多数。

やっただけなんだよ」「あれだけ好奇心のある子は珍しいよ」と善くみる。それによって子どもが善くなっていく。善くみようという姿勢もまた「養護」なのです。

今回の保育所保育指針では「養護」の大切さを強調しています。養護とは何かと言えば「**生命の保持と情緒の安定**[※6]」という説明が指針にありますが、それだけではよくわかりません。養護とは、ふだんの子どもに対する深い愛とか、子どもの性格をできるだけ善くみる、子どもの気持ちをできるだけ満たしていくとか、子どもの主体を大切にする、そういうところに現れる保育者の愛、姿勢みたいなものと言えるでしょう。

私はそういうことが社会全体の論理になっていくと、社会を変える1つの思想になっていくと思います。保育が世のなかを変えるというか、そのぐらいの重みのあることだと思っています。

さらに保育者自身でも、善くみてもらったという経験はすごく大事です。

むかし、**石井十次**[※7]さんという、明治時代に初めていわゆる孤児院をつくった人がいましたね。石井さんについて書かれた本を読んでいたら、あるとき新聞記者に「保育者というのは、貧しく育った人がよい保育者になるんでしょうね」と質問されて、石井さんが「きみ、そう思うだろう。しかし実は逆なんだよ」と答えたそうです。やっぱり幼い頃によく育ててもらった、温かく育ててもらった人のほうがよい保育者になる。貧しさからくるねたみ、そねみ、そういう感情のなかで育った保育者はやっぱりよい保育者にはなれない。残念ながらそうなんだよ、というようなことをおっしゃっ

※6　保育所保育指針第1章総則の「2養護に関する基本的事項」の「(1) 養護の理念」のなかの文言。「保育における養護とは、子どもの生命の保持及び情緒の安定を図るために保育士等が行う援助や関わり」である。

※7　明治期の慈善事業家（1865〜1914）。キリスト教信仰に根差した岡山孤児院を創設し、孤児救済に生涯を捧げたことから、「児童福祉の父」とも呼ばれる。

た。小さいときに自分が温かくみてもらった、愛とか養護のなかで育った人は、それが自分のなかで大事な大事な財産になるのです。もちろん幼少期で決定済みというわけではなく、そのあとでも人は十分に変われると思います。そのためには、たとえば、子どもに好き嫌いがあっても厳しく言うのではなくて、「そのうち食べられるようになるから」と受け止める。そういうふうにみる練習をする。そのことで、変わっていくと思うのです。

つまり、「養護」というのは人に対する見方なんですね。それは保育者自身が自分のよさに気付くというプロセスでもあり、職員同士がうまく養護的な視点をもてることも大切です。

職員の資質を高める取り組みと保護者支援のあり方

◆職員同士の認め合いが大切

大豆生田　それでは最後のテーマは職員の資質向上にしましょう。今回保育所保育指針の改定で、今までと大きくベースが変わったわけではありませんが、風間先生がおっしゃられたように子ども主体の保育とか、一人ひとりを本当に受け入れて、ということは簡単ではありません。そこで保育者自身も周りに受け入れられながらやっていけることが大事だというお話がありました。それと併せて、若い保育者が難しいと感じがちな保護者支援についても、お話をうかがえますか。

村田　職員同士の関係でいうと、私は恵まれているなと思います。先輩も後輩も、私が「子どもたちとそういうふうに歩きたい」と言うと、「先生はそうしたいんだよね」と受け止めてくれる人ばかり。また私が絵本や歌の活動などで「こんなに楽しいんだ」「あんなにかわいいんだ」と言っていると、「じゃあ、私もそうしよう」と思ってくれる人たちに囲まれています。絵本に全然興味がなかった保育者でも、読んでみんなが楽しんでいるなら、私も読みますと言ってくれる人たちばかりです。

私が、「子どもたちと足湯をしたい」とか変わったことを言っても、「こういうやり方があるんじゃない」とアイデアを出して情報を共有する仲間なので、私はこれまですごく楽しく保育をさせてもらってきました。

あと、お母さんたちのことも察してあげたいです。いろいろなことを背負って社会で働くお母さんたちって、すべてがよい環境ではないですよね。もっと長く職場に残ってほしいとか、これぐらいの仕事をしてほしいとか、どこにだってあると思いますが、それに耐えて子育てをしている。そのことを踏まえながら、現実にはどれだけ理解していますという反応を示せているかわかりませんが、私は朝やお迎えのときにお父さん、お母さんとのコミュニケーションはとても大事にしています。

大豆生田　実は村田先生の園では、保護者も村田先生のファンなんです。去年のクリスマスには、絵本を大事にしている村田先生だから、12月に多くの親たちが「クリスマスに絵本をプレゼントしたいんだけど、先生のお薦めの本を教えてください」と言うのです。そこで村田先生が「お薦めというより○○ちゃんの場合は……」とアドバイスすると、「こんな小さな子どものことなのに、なんで一人ひとりの好きな絵本がわかるんですか」と親たちに感激される。つまり一事が万事で、毎日○○ちゃんがこんなに素敵だということを発信しているのです。お迎えのときに話しているし、ドキュメンテーションなどでも保護者に子どもの姿を伝えているから、親との関係も良好になっていく。それがまた子どもたちの心の安定にもつながるのだと思います。

村田晴恵さん

風間　現在、保育者不足で売り手市場となり、保育者の人材育成に頭を悩ませていますが、こちらも覚悟をもって温かく長い目で育てていく必要があると感じています。子どもには発達がありますが、同じように保育者にも発達（熟練度）があるよねということ。まだここまでの技術だね、という人をいきなりすごく上まで伸ばそうとすると階段が高すぎて、結局できない。できない、できないで常に叱られているというのでは、保育の楽しさを感じられません。やはり楽しさを伝えていかないと保育者は伸びないと思うので、先輩の先生たちには、子どもと同様に、この保育者のよいところを見つけて、「今日、ここがよかったよ」と認めること、またよくなかったことはそのままにしないで、叱らずに思いやりと一貫性のある正しい態度で導くこと、といった日々の積み重ねが大事だよねと話しています。

保護者支援では、若い人はやはり保護者とお話しするのが苦手ですね。どういうふうに話をすればいいのかわからない、という新任保育者がたくさんいます。そういうときは「おかえりなさい」「おはようございます」「お仕事、お疲れ様でしたね」という挨拶からだよ、そこからだんだんと慣れてきて、その子の園生活から「これを伝えたい」というエピソードが話せるようになるよ、と話します。保育の技術が少々物足りなくても、保護者が先生たちの笑顔に救われることはたくさんある。「安心して預けられた」「この先生は笑顔で私の子を引き取ってくれた」というところからだよね、と話しています。

◆保護者対応を学ぶのも人づくりの一環

北野　すべてではないのですが、最近の若い保育者は思ったことを口にしない、言葉にしない。そういう風潮がどうしてもあるので、たとえば子どものこともすごくよく理解して記録も書いているんだけれども、じゃあそれで保護者に声をかけられているかというと、かけられない保育者も実際にはいます。

保育の思いはすごくあるのに、「正解がわからない」と言うんです。それに対して「正解はないから」と答えるのですが、正解がわからないからこそどの程度をどうしていけばよいのかわからない、という人も少なくありません。学生さんにもそういう風潮があるので、うちの園では「声出し、指差し、後見ぐせ」を合言葉にしています。それがよいことかわかりませんが、とにかく思ったことを言葉に出すという練習と、その場を出るときに一瞬でいいから後ろを向くということを心がけるようにしています。

それから、初任者のために保護者に電話をするときの文例集をつくりました。たとえば、「子どもがけがをしたり熱が出たときに保護者へ電話をする際に、「熱があるんです！」ではお母さんにはわからない。けがをしたことを説明するときに、まず保護者は何を知りたいんだろうかということで、「今日○○ちゃんはこんな遊びをすごく頑張って取り組んでいた」とか、「この遊びが大好きなんです」だとか、最初に親が見えていない部分を伝えてから、「実際こういうことがあって……」と説明するように話しています。それこそ正解はありませんが、そうすることで初任者が自信をもって保護者と話ができるようになったということはあります。

保育者が保護者と対峙するときに、言葉は悪いですが、「この人使えないわ」と思われたら、とてもよいことを言っていても、なかなか届かなかったりします。逆に、一歩目の関係性をよくすると、「この先生はわが子のことを大事にしてくれているから」といろいろな情報をくださる。こうしたコミュケーションを図るのも、人との関係づくりかなと思っています。また、園としての子育て支援ということでは「遊びを通して学ぶとはどういうこと」「子どもの育ちってどういうこと」といったことを、チラシなどをつくって地域にもどんどん情報発信をしています（144ページ）。

先ほど汐見先生がおっしゃったように、人間は自分が受けた温かさというのは忘れないのと同様に、自分が受けた傷も忘れていないと思います。そうしたときに、みんな健やかに育ってきた保護者、健やかに育ってきた保育者だけではない集団のなかで温かさを醸し出すにはどうすればよいのだろうと考えたときに、やっぱり先生方がおっしゃるように「認められる喜び」なんだろうなと思います。

園内研修の話になるのですが、「リフレーミング」というものがあります。物事の捉え方には両面があります。「あのお母さんおしゃべりよねー」と言ったら悪口になりますが、「すごく語彙が豊かよね」と言うとずいぶん印象が変わります。リフレーミングの表をみんなでつくって、付箋を1人3枚ずつ渡して「これを言い換えたら、

地域への情報提供

▶北九州市保育士会では、保育や子育て支援などについてチラシやDVDを作成。地域の家庭や学校、公共施設等へ、保育士や保育所についての情報発信をしています。

あなただったらどんな日本語になる?」というのを書いてもらい、それを主任が集計してまたみんなに見せて「あ、こんな言い換えがあるんだ」といったことをやりました。それを貼り出した表に「これは子どもだけ、保護者にだけじゃなくて、仲間にもね♥」と赤字で大きく書きました(笑)。そうやって仲間づくりをすることで、認め合える職場関係づくりを心がけています。

大豆生田 若い先生たちが共通に言われるのは、園長や主任から「あれ、頑張ったね。あれよかったね」と温かく言われるのがものすごくうれしい、すごく元気になるということです。保育所はすごく忙しいし、頑張らなきゃいけないことも多く、心が折れそうになることもります。だから先輩の先生たちに認められるということは、すごく若手保育者たちの元気につながるのです。

◆0、1、2歳児保育・教育の大切さをしっかり議論する

汐見 今回の3法令の改訂(定)を大きな枠でみると、子どもを社会の責任で育てていくというスタートがだいぶ早くなってきた。そういう時代が始まったということを表しているのだと思います。次の改訂(定)のときには、公教育という枠のなかで保育が語られる。そういう時代がもうすぐ来るでしょう。ヨーロッパは早いところで3歳からの義務教育に移っていて、日本は今それを追いかけているわけですが、そうなると、3歳からはより教育的な枠組みで議論されることになるはずです。

では、0、1、2歳はそれほど大事ではないのかと思われるかもしれませんが、むしろ逆で、非認知能力とかいろいろな形で今、強調されていることは、「三つ子の魂百まで」というのは、ある面でやっぱり本当だったんだよね、ということです。

認知能力の面と「三つ子の魂」はそんなに関係は深くないのですが、非認知の力、深く愛されることからくる自分への深い信頼感みたいなものが、我慢する力、共感する力、楽観的な力だとかの全部につながっていて、そういうものは赤ちゃんのときからの、最初の世界との出会い、人との温かい出会いのなかで築かれていくものです。

牧歌的な時代にはみんなが赤ちゃんを温かく育てましたが、今はだんだんそういう余裕がなくなってきて、小さいときから叱り飛ばされたりする子どもたちが増えている。そういうなかで、「生きるっていいなぁ」とか「生まれてよかった」と思える子どもたちが少しずつ減っているのではないかという不安をもっています。そういう時代を早く終わらせて、「生まれてきて本当によかった」と誰もが思ってくれるような、そんな社会をどうつくっていくか。その先頭に保育は立とうじゃないか、ということが今回の改定ではないでしょうか。

保育所保育指針と幼保連携型認定こども園教育・保育要領は、0、1、2歳児を担当するわけですし、幼稚園についてもこれから**2歳児教育・保育**※8が少しずつ始まるわけですから、ここのところをしっかりと議論しておいて、最低限こういうことが大事なんですよということが社会の常識になっていくように、今やっておかないといけない。

※8　待機児童解消を背景に、文部科学省と内閣府は、幼稚園において一時預かり事業により2歳児を定期的に預かる仕組みを創設するなどの方針を決め、2018年度の予算要求に盛り込んだ。

そうしないと、これからどんどん保育のニーズだけ増えていくけれども、質は全然高まらないということになったら、歴史的にも禍根を残すことになってしまいます。そうならないためにも、この時期の教育・保育というものがどれだけ大事なのかについて社会がしっかり認識してくれるような、そういう素材を私たちがどんどん出していかないといけないと思います。

今日話してくださった3人の方のお話はすごいなと思って、その点では安心しましたが、これが本当に国の保育全体に広がるかどうかというのは、私たちの努力次第だと思います。日本の保育はいろいろ言われていますが、その中身は世界的にも評価されるようなことがたくさんあります。ただ、すべての施設がそうなのだと言えるためには、もう一歩も二歩も努力が必要です。

そのためには、先ほど養護の話で出てきたようなことが保護者にとっても地域の人にとっても常識になる、そうした社会を具体化していきたいと思っています。「保育が世の光だ」という時代になってくれることを願って保育所保育指針・幼保連携型認定こども園教育・保育要領が改訂(定)されたんですよね。このことをぜひ広めていってください。

Part 4

保育の未来

3法令から読み解く　保育の未来…………大豆生田啓友

3法令を保育実践に活かすための提案

◆3法令を保育実践に活かす視点

これまでも述べてきたように、今回の改訂（定）は3法令の同時改訂（定）であり、幼稚園・保育所・認定こども園はわが国の重要な幼児教育施設として、共通する「幼児教育」のあり方を示したものです。そして、乳児期からの学びの連続性をしっかりと位置付け、「資質・能力」と「10の姿」を示すなど小学校以降の教育との連続性のあり方をも明示しています。これは、大きく変化する21世紀の社会を生き抜く子どもを育てるために、教育全体の大改革のなかに乳幼児期の教育・保育の重要性を示したものと捉えることができるのです。

今後はそれをいかに具体的に展開できるかが課題となります。本書ではその参考になるものとして具体的な事例等を示してきましたが、ここでは、それらを踏まえて整理し、提案していきたいと思います。

◆「遊びが学び」の保育――環境構成の工夫で保育が変わる

大豆生田啓友さん

これまでも、乳幼児期の教育・保育は子どもが自ら環境に関わり、遊びを通して総合的に行われるものでした。今回の改訂（定）もその流れにありますが、小学校以上の学びの連続性の視点も踏まえ、幼児教育において「育みたい資質・能力」の3つの柱を位置付け、「幼児期の終わりまでに育ってほしい姿（10の姿）」を示したものになります。つまり、遊びを通しての育ちや学びを、より明確に意識して保育を行うことが求められています。

そのために、まずはどこの園でも「子ども主体の遊びが学びであることをしっかりと保障する」必要があります。特に子どもが夢中になって「遊び込む」ことが大切です。それは、どこの園でも、目の前の子どもの姿から始められます。ある研修会で報告された事例を紹介しましょう。

事例1「環境を変えたら子どもが遊び出した」（幼稚園・4歳児）

この園は従来、一斉活動が中心でした。自由遊びの時間も、机の上で決められた自由画帳に絵を描くなどの限られた遊び環境でした。しかし、外部研修会に参加したことをきっかけに、担当するクラスで子どもたちが自分で選ぶ環境づくりをしてみようと考えました。

このクラスには支援が必要なA児がいたので、その子が落ち着いて過ごせることも考え、まずは保育室の環境のコーナー化を試みました。さらに、今まで出したことがなかった空き箱や廃材なども提供してみました。すると、A児が落ち着いて過ごせるようになるだけでなく、子どもたちの間ですぐにお店屋さんのごっこ遊びが生まれました。さらに驚いたことに、A児までもがそのお店屋さんのごっこ遊びに入っていったというのです。その後、お店屋さんのごっこ遊びは何日も盛り上がったそうです。

幼稚園教育要領や保育指針、教育・保育要領の改訂（定）をきっかけに、子ども主体の遊びが学びにつながる保育を行う園が増えています。この園のように、自由遊びの時間の環境を少しコーナー化し、遊びが豊かになるような環境を提供するだけでも、子どもが主体的に遊ぶ姿が生まれるのです。あらためて、3法令の保育のあり方の原点である「環境による保育」を意識してみましょう。まずは、環境構成の工夫や見直しから始めるのも一案です。

◆「協同的な学び」を生み出す――小さな興味・関心から協同的な関心へ

遊びが学びとしてより可視化される視点として、「10の姿」が活かされます。「10の姿」のなかに「協同性」があります。「協同性」は、「友達と関わる中で、互いの思いや考えなどを共有し、共通の目的の実現に向けて、考えたり、工夫したり、協力したりし、充実感をもってやり遂げるようになる」姿です。この「協同性」が生まれる保育は、「協同的な学び」が生まれる保育とも呼ばれます。共通の目的やテーマをもって、友達と一緒に主体的な活動が一定期間展開する保育です。小学校につながる姿としても、とても重要と考えられています。

難しそうに思うのですが、ちょっとした工夫で遊びが発展的に展開していきます。事例でみてみましょう。

事例2「雨雲でも雨が降らないのはなぜ？」（保育所・5歳児）

B児は、雨雲があるのに雨が降らない空の様子を見て、担任に質問してきました。「なんで雨雲が出ているのに、雨が降らないの。雲はみんな水でできているのに、雨を降らせる場合と降らせない場合があるのはなんで？」と。すると、担任は「じゃあ、集まったときにみんなに聞いてみようか」と話しました。

そこで実際に遊びの片付けが終わり、サークルタイム（ミーティング）でB児の疑問をみんなに投げかけてみました。するとさまざまな意見が飛び交ったのですが、結論は出ませんでした。担任は、みんなで見た今日の雨雲を写真に撮り、そのなかの1枚を「雨雲でも雨が降るときと降らないときがあるのはなぜかについてみんなで議論」と題して壁に貼り出し、降園時に保護者へお知らせしました。

すると翌日、何人かの子どもが保護者と話をしたと言って話題にしたり、雲の図鑑をもってきたりする子もいたのです。さらに、この日から子どもたちと園庭から見える雲の写真を撮っては、保育室に1日1枚ずつ並べて貼り出しました。そこから、雲の違いについて1か月近くにも及ぶ観察が始まったのです。雲の観察記録を書く子ども、雲のお話を絵で描く子どもなど、さまざまな活動へと波及し、近隣の中学校の先生にも聞きに行くなど、その後も雲への興味・関心は広がっていきました。

「協同的な学び」が生まれる基本は、子どもの声に耳を傾けることです。多くの活動は事例2のように、誰かの小さな興味・関心から始まります。そしてそれをクラスのサークルタイムで取り上げたことも重要です。1人の関心をみんなの関心へとつなげていくことができます。さらにそれらを写真とコメントで保護者に発信することで、保育の「見える化（可視化）」となります。こうした出来事を「見える化」することで、家庭も巻き込みながら、関心の広がりや深まりへと発展していきます。

この事例を通して、「友達と関わる中で、互いの思いや考えなどを共有し、共通の目的の実現に向けて、考えたり、工夫したり、協力したりし、充実感をもってやり遂げるようになる」という「協同性」の姿の一端が生まれていることがわかります。

◆「10の姿」を実践に活かす——振り返り・発信・対話・計画のツールとして

これまでの話からわかるように、「10の姿」は子ども主体の学びの姿を「見える化」すると同時に、保育者自身がそれを振り返ったり、対話したり、伝えたりする有効なツールにも成り得るのです。たとえば、前述の事例2では「協同性」の観点から見てきましたが、実はほかの姿をも捉えることができます。例えば、次のようなものです。

「社会生活との関わり」→中学校の先生との関わりなど、地域の身近な人との触れ合いを通して、遊び（学び）に必要な情報を取り入れています。

「思考力の芽生え」→日によっての雲の違いなどを観察し、物の性質や仕組みなどを感じとったり、気づいたり、考えたり、予想するなどの姿が見られます。

「自然との関わり・生命尊重」→自然（雲）の変化などを感じ取り、好奇心や探求心をもって考え、言葉で表現する姿が見られます。

「豊かな感性と表現」→雲のお話を絵で描くなど、心を動かす出来事に触れて感性を働かせ、感じたことや考えたことを表現し、友達と共有する姿が見られます。


あるスパン（時期）ごとに子どもの遊びの姿からどのような姿が育っているのかを書き出してみることで、遊びが学びにどのようにつながっているかを自覚化することができます。そして、遊びのなかに学びを捉えようとする視点が保育者に生まれ、専門性を高めることになるのです。これを1人でするだけでなく、園内研修などで話し合ってみるとよいでしょう。さらに多様な視点が見い出され、自分の見方を広げることにもつながります。

また園の保育には、それぞれ傾向があるものです。このように事例を「10の姿」で振り返ると、体を動かす遊び（「健康な心と体」）やテーマ性のあるごっこ遊び（「協同性」）は多いけれども、地域の資源を活かす経験（「社会生活との関わり」）や遊びのなかで数量や図形などにつながる経験（「数量や図形、標識や文字などへの関心・感覚」）は少ないといったことなどに気付くと思います。そのような偏りを意識すると、次の保育計画に活かしていくことができます。

このように、子ども主体の遊びがいかに「学び」につながるものであるかを、「10の姿」を通して小学校や家庭に発信していくことは、「遊びが学び」であることを理解してもらえるツールとなります。特に小学校は、この「10の姿」を受けて1年生の最初をスタートさせます。もちろん、「10の姿」は5歳児だけに使えるものではありません。3歳未満児であっても、その発達のなかで育ちの姿を捉えるものとして使うことは十分可能です。

特に重要なことは、家庭に対しても、今日の保育を単に「砂場で楽しそうに遊んでいました」と話すだけでなく、砂場でどのような育ちや学びにつながる試行錯誤の姿があったのかを伝えることが大切です。「10の姿」を直接に使わなくても、子どもの学びを探る視点になり、それが、保護者にも園での遊びが学びにつながるものであることの理解へとつながります。

「10の姿」は、子どもの育ちや学びをより手厚く丁寧に読み取り、発信や対話、計画に活かすツールとしてとても有効であり、今後、各園での使い方の工夫が求められるでしょう。

◆乳児・3歳未満児保育に関する記載の充実――散歩からも遊びの充実

今回の改訂（定）の重要なポイントの1つは、乳児・3歳未満児の保育に関する記載の充実です。特に、乳児では「特定の大人との応答的な関わり」、つまり愛着形成のための関わりとして、「応答的」「受容的」であることが強調されています。この背景には、発達早期における非認知能力の重要性が認められ、アタッチメント（愛着行動・愛着関係）による信頼の感覚を育てることがその基盤にあるからです。

また、3歳未満児保育にも5領域の視点が入った背後には、よりきめ細かに子どもを理解し、育てようとする方向性があります。単に生活の世話をするだけではなく、その子が自ら働きかけようとする世界の行為の意味を理解しようと関わることが大切です。

たとえば、散歩のときでも、安全をしっかり確保しながらも、子どもが心を動かしている世界に一緒に目を止めたり、立ち止まったりすることも重要となります。興味のある対象をじっと見たり、触れたり、そのことで話をするなど、さまざまな視点から対話を重視することが、領域にある「ねらい」と「内容」を具現化することになると捉えられるのです。事例でみてみましょう。

事例3　犬の写真カード（保育所・2歳児）

　ある保育所の2歳児クラスでは、犬がブームになっていました。そのため、散歩のときもみんなが犬を見て、話題にしていました。保育室では7、8種類の犬の写真カードをパウチし、ウォールポケットに入れていました。子どもは何度もそれを出し入れして持ち歩きます。知らない大人にも犬のカードを見せようとします。クラスの犬のぬいぐるみはみんなの大事な宝物となっています。ちょっとした集まりの場でも、保育者は犬に関する話題を提供していました。

　事例3から、友達との豊かな関わり、言葉による伝え合い、社会生活との関わり等々、5領域や10の姿で子どもの育ちを読み取ることができます。つまり、乳児及び3歳未満児保育の記載の充実は、子どもの世界をよりきめ細かく見ることを推奨するもので、保育の質向上につなげる視点をも提供しています。3歳未満児保育についても、子どもの興味・関心から遊びを充実させていく視点が求められているのです。

◆子育て支援の充実のために――ドキュメンテーションの薦め

　最後に、子育て支援についてお話しします。子育て家庭が多様化し、園では家庭と連携しながら子育てを支援していくことが一層重要となります。3法令における子育て支援のポイントとしては、保護者との相互理解や、地域の子育て家庭への支援の提供、関係機関との連携などが挙げられます。ここでは特に、保護者との相互理解の重要性、なかでも情報交換の充実を取り上げてみます。

保育の低年齢化・長時間化が進み、子どもたちの園での生活時間はますます長くなってきています。だからこそ、保護者が子どもの成長に気付き、子育ての喜びを感じられるようなアプローチが不可欠になります。そのためには、保護者と信頼関係を築きながら、子どもの育ちを伝えていくことが求められます。具体的には、降園時の会話、保護者が保育に参画する機会をつくることや、ドキュメンテーションなどを使った保護者への発信も重要になってきます。それが、保護者の子育てへの喜びにつながるだけでなく、園の保育への理解にもつながるのです。

事例2でも紹介したドキュメンテーションやポートフォリオとは、写真などを使った記録で、保護者へのアプローチとしても有効な一手段となります。つまり、保育者自身の自己内対話の記録だけではなく、同僚、保護者、子どもとの対話のツールにも成り得るということです。写真を使うことで視覚化され、より理解がしやすくなります。毎日の園生活での遊びが、単なる遊びではなく、子どもの学びとして可視化することにより、保育者の語りとともに保護者が子どもの育ちを知る手がかりとなるのです。

大切なことは、それが保育者の負担とならないように工夫をすることです。そのため、10～15分程度でつくれる程度の内容にすることや、記録をできるだけ一元化すること、ＩＣＴ化を進めて簡単につくれるようにすることなどが求められます。

エピローグ

新要領・新指針具現化の保育プラン(計画)作成に向けて

大豆生田啓友

本書の最後に、教育要領、保育指針、教育・保育要領を実際に計画としてデザインすることについて触れておきたいと思います。今後は、どこの園でも改訂（定）を受けた計画づくりが求められます。保育の質向上に向けた計画づくりのためには、どこかの雑誌から書き写しただけの借り物ではない、簡単でもよいからオリジナルのカリキュラムづくりをしていくことが大切です。その実現のために、次の5つのポイントを挙げてみました。

1、新要領・新指針の改訂（定）趣旨を理解する

まずは、園で教育要領、保育指針、教育・保育要領の改訂（定）の趣旨を理解することが肝心です。そして、自分たちの園では具体的にどこに力を入れていけるかの方向性を探っていけるとよいですね。しかし、今回の改訂（定）は基本的にこれまでと大きく変わるものではありません。ですから、現行の園のカリキュラムをベースに考えていくのがよいかと思います。

特に意識したいのが、「資質・能力の3つの柱」「10の姿」「乳児・1歳以上3歳未満児との学びの連続性」や「小学校との接続」「健康・安全」「子育て支援」などです。これらの視点については、本書を通じて理解していただけたのではないでしょうか。

園内でもぜひ研修会等を行ってください。

2、日常の保育場面を「10の姿」から見直す――保育の見える化（可視化）

今回の改訂（定）で重要なことは、乳幼児期の教育は子どもが主体的に環境に関わり、試行錯誤するプロセスに学びがあるとし、あらためて子どもが主体的に環境に関わる遊びがその後につながる重要な学びとして位置付けられた点です。だからこそ、「子ども主体の遊びが学び」であることを見える化（可視化）していく必要があります。

そこでは「10の姿」が活かされます。まずは日常の保育場面を持ち寄り、「10の姿」から子どもの育ちを見直す作業が重要です。たとえば、6、7月の水遊びの姿について、それぞれの年齢でその具体的な姿を持ち寄り、「10の姿」のどの姿の育ちにつながる経験をしているかを話し合ってみましょう。単なる水遊びではなく、育ちや学びの姿として見える化（可視化）、あるいは言語化ができるはずです。

3、日常の記録を用いた園内研修

遊びの場面から育ちや学びの姿を探る取り組みは、遊びの言語化や保育者の自信につながるだけでなく、明日の保育の具体的な環境構成や子どもへの関わり方へとつながっていくものです。そのためにも、日々の振り返りや話し合いを行う園内研修が大切になります。もちろん、日常的に「10の姿」に照らし合わせる必要はありません。園によっては数か月ごと、あるいは期ごとでもよいのだと思います。ただ、それを話し合うための記録を残しておくことが大切です。

そして、なるべく省力化して行うことが、無理なく続ける秘訣です。まずは、今日の保育でもっとも印象的だった場面を写真に数枚撮り、そこにちょっとしたコメントを添えておく作業から始めてもよいでしょう。

6、7月の水遊びの記録だけを集めて並べるだけでも、さまざまな水遊びの姿が記録として残されることでしょう。それを園内研修の材料として用いることが可能です。この時期の水遊びでどのような経験や学びができているのかを捉え、次の計画へとつなげていくことができます。

4、テーマに基づいた計画の話し合い

テーマに基づいた話し合いも大切です。たとえば、散歩や造形活動、室内遊びや外遊びの充実、自然との関わり、運動会や発表会、小学校との交流等々、テーマとしてあらゆるものがあるでしょう。年度初めなどに今年はここに力を入れようというもの

を決めて、それを計画に反映させるのもよいと思います。園全体で共通するテーマでもよいですし、年齢によって独自のテーマを決めるのもひとつです。

次に、1年間の見通しを考え、実践していきます。期ごとなどに写真などによる記録を使って実践状況を報告し合い、意見を出しあえる場があると、その計画がより充実したものになるでしょう。場合によっては、園全体で実践状況を見せあうような取り組みもお薦めです。

5、園の理念目標など保育ビジョンの共有

計画を作成するなかで、目の前の子どもの姿や改訂（定）の趣旨と照らし合わせて保育のあり方を振り返り、あらためて園の理念や年度の目標を再構成（再確認）していきます。そして、私たちの園では、何を大切にし、実践していくのかをビジョンとしてわかりやすく発信していくことが大切です。

特に、今年の重点目標などが明確になると、自分たちの保育の課題がわかりやすくなります。若手保育者も含め、自分の園が何を大切にしているのかを自分の言葉で話せるようにしたいものです。そのためには、全員が受け身ではない、当事者意識をもった園内研修（話し合い）の場にすることが大切です。そこでは、少人数のグループで

行ったり、若手だけでチームをつくったりするなどの工夫も求められます。

さあ、新しい時代の保育が始まります。とはいっても、大事なことが変わるわけではありません。改訂（定）は、より保育の質を高めていくための振り返りや対話、可視化を充実させていくことなのです。それは、労力のかかることでもあります。ご存じのように、わが国の保育の現場にはたくさんのことが求められており、疲弊している実態もあります。ですから、無理なく、時間短縮を図りながら、ある程度効率的に工夫して行っていかなければなりません。

しかしながら、先生方のこれまでの努力によって、わが国の保育の質が高い状況にあることも事実です。21世紀の新しい社会の幸せのためにも、保育の質は重要です。保育者の待遇等も含め、まだまだ課題はありますが、3法令の改訂（定）を活かして、ますます日本の保育が質の高いものになっていくことを願っています。

無藤　隆
（むとう・たかし）

白梅学園大学大学院特任教授。東京大学教育学部卒業。聖心女子大学文学部講師、お茶の水女子大学生活科学部教授、白梅学園大学学長、白梅学園大学大学院子ども学研究科長を経て、現職。専門は教育学、特に保育関連や心理学系統。平成29年告示に際しては、文部科学省中央教育審議会委員・初等中等教育分科会教育課程部会長として『学習指導要領』『幼稚園教育要領』の改訂に携わる。また、幼保連携型認定こども園教育・保育要領の改訂に関する検討会座長として『幼保連携型認定こども園教育・保育要領』の改訂に携わる。主な著書に『幼児教育のデザイン　保育の生態学』（東京大学出版会）、『これからの保育に！　毎日コツコツ役立つ保育のコツ50』（フレーベル館）ほか多数。

汐見稔幸
（しおみ・としゆき）

白梅学園大学、同短期大学前学長、東京大学名誉教授、日本保育学会会長。東京大学教育学部卒業、同大学院博士課程修了。東京大学大学院教育学研究科教授を経て、２００７年10月から白梅学園大学、同短期大学学長。専門は教育学、教育人間学、保育学、育児学。平成29年告示に際しては、厚生労働省社会保障審議会児童部会保育専門委員会委員長として『保育所保育指針』の改定に携わる。また、内閣府幼保連携型認定こども園教育・保育要領の改訂に関する検討会座長代理として『幼保連携型認定こども園教育・保育要領』の改訂に携わる。主な著書に『保育者論第2版（最新保育講座）』（ミネルヴァ書房）、『この「言葉がけ」が子どもを伸ばす！』（ＰＨＰ研究所）ほか多数。

大豆生田啓友
（おおまめうだ・ひろとも）

玉川大学教育学部教授。教育学者。子どもと保育実践研究会・子どもと保育総合研究所研究員、日本保育学会副会長。青山学院大学大学院文学研究科修了後、青山学院幼稚園教諭、関東学院大学准教授、玉川大学教育学部講師・准教授を経て現在に至る。幼児教育学・保育学・子育て支援等の実践研究に従事する傍ら、テレビ・ラジオのコメンテーターや講演活動など幅広く活躍している。主な著書に『保育内容総論第2版（最新保育講座）』（ミネルヴァ書房）、『21世紀型保育の探求―倉橋惣三を旅する』（フレーベル館）、『子育てを元気にすることば―ママ・パパ・保育者へ。』（エイデル研究所）、『ちょっとした言葉かけで変わる　保護者支援の新ルール　10の原則』（メイト）ほか多数。

3法令から読み解く
乳幼児の教育・保育の未来
現場で活かすヒント

２０１８年4月20日発行

編著　無藤　隆・汐見稔幸・大豆生田啓友
発行者　荘村明彦
発行所　中央法規出版株式会社
〒１１０-００１６
東京都台東区台東3-29-1中央法規ビル
営業　ＴＥＬ　０３-３８３４-５８１７　ＦＡＸ　０３-３８３７-８０３７
書店窓口　ＴＥＬ　０３-３８３４-５８１５　ＦＡＸ　０３-３８３７-８０３５
編集　ＴＥＬ　０３-３８３４-５８１２　ＦＡＸ　０３-３８３７-８０３２
https://www.chuohoki.co.jp/

編集　株式会社スリーシーズン
装幀・本文デザイン　谷　由紀恵
カバーイラスト　坂本直子
撮影　米田志津美
印刷・製本　株式会社日本制作センター

ＩＳＢＮ９７８-４-８０５８-５６５８-１